LOS HIMNOS DE CARLOS WESLEY: UN CORAZÓN PARA ADORAR A MI DIOS

S T Kimbrough

Traducción: Oscar Aguilar

Los himnos de Carlos Wesley: un corazón para adorar a mi Dios

ISBN: 978-1-955761-18-5

Para información y más recursos en español, comunicarse con:
El Instituto de Estudios Wesleyanos
www.estudioswesleyanos.org
instituto@estudioswesleyanos.org

Para información general, comunicarse con:
The Wesley Heritage Foundation, Inc.
www.wesleyheritage.org
hello@wesleyheritage.org

Versión original en inglés:
A Heart to Praise My God: Wesley Hymns for Today
© 1996 Abingdon Press

Diseño de portada: Ana Lilia Fernández Arriaga
Imagen de portada: Wikipedia

Contenido

Dedicatoria de la versión en español

Este libro de los himnos de Carlos Wesley, más comentario, fue hecho posible gracias a la donación generosa de Gerald W. Huff. Se publica en honor a "Jerry" y en memoria de su amada esposa, Mary Ann. Siendo ambos metodistas de toda la vida, ellos cantaban con gozo y vivían con fidelidad la teología de los himnos wesleyanos.

Notas sobre la traducción

Un himno, siendo un tipo de poema, es extremadamente díficil de traducir. Los contextos históricos y sociales de las palabras usadas, pero sobre todo su conjunto emotivo-psicológico, hacen imposible que un lector de la versión traducida capte y sienta exactamente lo mismo que un lector en el idioma original. En el caso de los himnos, la situación es aún más compleja debido a la silabización, la métrica, y el ritmo. Por lo tanto, cualquier traductor de un poema o himno toma decisiones que buscan el mejor equilibrio entre el sentido, el ritmo, y el efecto póetico del texto.

La mayoría de los himnos de Carlos Wesley aquí presentados logró ese balance, y generaciones de cristianos de habla hispana han cantado con vigor y cariño la letra traducida. Estas traducciones son en sí un monumento lingüistico y espiritual. Sin embargo, como el presente libro es un estudio sobre la versión original de los himnos, hay muchos casos donde el autor hace referencia a una palabra o frase del inglés original, y naturalmente no corresponde a la versión en español. Por eso, en algunos casos de ciertas estrofas o hasta himnos enteros, hemos hecho una traducción literal del inglés a la par de la versión ya existente en español. No se pretende reemplazar lo ya traducido, sino dar una versión de referencia más exacta para acompañar el análisis.

También se debe aclarar el uso de "Carlos" en lugar de "Charles" para referirse a Wesley. Como el presente libro es una publicación del Instituto de Estudios Wesleyanos, hemos buscado mantener la costumbre practicada desde la primera publicación de las Obras de Wesley hace unos veinticinco años, y llamarle "Juan" a John Wesley y "Carlos" a Charles Wesley. La decisión tomada por la junta editorial de las Obras, en particular su Editor General, el Dr. Justo González, buscaba mantener el lazo afectivo y el uso común de los nombres entre el pueblo wesleyano de habla hispana, y así hemos hecho en este libro también.

Prefacio a la versión en español

Carlos Wesley y su hermano Juan se hicieron famosos como líderes principales de un movimiento de reforma del siglo XVIII dentro de la Iglesia de Inglaterra (también llamada Iglesia Anglicana). Ambos hermanos eran presbíteros de la iglesia y ambos fueron educados en Oxford, en Londres, Inglaterra. Los líderes de este movimiento de reforma, a los que se llamó "metodistas", no tenían la intención de formar una iglesia separada. Sin embargo, con el tiempo, el movimiento se organizó como la Iglesia Metodista, primero en los Estados Unidos y luego en Inglaterra. Otras iglesias que luego surgieron del movimiento metodista incluyen la Iglesia Wesleyana, la Iglesia del Nazareno y las iglesias actuales conocidas como iglesias "Pentecostales" o de "Santidad" debido al énfasis de Wesley en la santificación.

A pesar de que los hermanos fueron fundadores del movimiento metodista, tanto Juan como Carlos permanecieron como presbíteros en la Iglesia de Inglaterra toda su vida. Ambos sirvieron por un corto tiempo como misioneros en una colonia en Georgia (ahora un estado de los EE. UU.), y ambos tuvieron experiencias de conversión con unos días de diferencia en 1738, poco después de su servicio misionero en América.

El 21 de mayo de 1738, fecha de la conversión de Carlos, abrió su Biblia en el Salmo 40:3 y leyó estas palabras: "Puso luego en mi boca cántico nuevo, alabanza a nuestro Dios. Verán esto muchos, y temerán y confiarán en Jehová". De hecho, Carlos había recibido un cántico nuevo, y al día siguiente comenzó a escribir su primer himno, "¡Cómo en su sangre pudo haber!" Algunas de las palabras que poéticamente inscribió son estas:

Mi alma, atada en la prisión,
Anhela redención y paz.
De pronto vierte sobre mí
La luz radiante de su faz.
¡Mis cadenas cayeron
Y vi mi libertad y te seguí!

Este fue el primero de los más de 6,500 poemas/himnos que escribió Wesley. Durante décadas surgió de él una corriente imparable de cánticos espirituales. Carlos Wesley creía que la poesía o los himnos eran un medio para proclamar y enseñar la teología de la iglesia. Se dice que compuso un promedio de tres himnos por semana. Su poesía cubría todas las áreas de la teología, así como todas las estaciones del año litúrgico.

La conversión de Juan Wesley pronto siguió a la de Carlos, y los dos hermanos se convirtieron en celosos predicadores. Estaban decididos a que las masas no alcanzadas en Inglaterra escucharan el Evangelio. Por lo tanto, predicaron en todas partes: en los campos abiertos, en las cárceles, en el centro de las ciudades, en las minas de carbón, etc. La poesía de Carlos y los sermones de Juan llegaron a muchos de los desesperados y oprimidos de Inglaterra que se sentían ignorados por la iglesia oficial. Algunos historiadores especulan que el ministerio de los Wesley trajo cambios tan profundos que pudo haber permitido a Inglaterra evitar una revolución sangrienta como la que tuvo lugar en Francia en ese mismo siglo.

En 1780, Juan publicó una *Colección de himnos para el uso del pueblo llamado metodista* organizada en categorías teológicas. Muchos de los himnos fueron escritos por Carlos. En su prefacio al himnario, Juan exaltó la singularidad de la obra al decir que en esta publicación los fieles tienen 'el relato más completo del cristianismo bíblico, la mayor declaración de las alturas y las profundidades de la religión, especulativa y práctica, las más fuertes precauciones contra los errores más plausibles y las instrucciones más claras para asegurar su llamado y elección; para perfeccionar la santidad en el temor de Dios'.

El canto de himnos fue muy importante para el avivamiento evangélico en el siglo XVIII; los himnos eran tanto un medio para expresar gozo como para enseñar la verdad de las escrituras. Los himnos de Carlos Wesley a menudo parafraseaban las Escrituras, así como el Libro de Oración Anglicano. Siempre estuvieron llenos de alabanza y continúan enriqueciéndonos hoy. Las iglesias de diferentes denominaciones cristianas a menudo incluyen en sus himnarios himnos de Carlos Wesley, tales como: "Mil voces para celebrar", "Jesús es Cristo y Rey", "Cristo ya resucitó, ¡Aleluya!", "Jesús, dulce refugio de mi alma" y "Oíd un son en alta esfera".

La Wesley Heritage Foundation, en asociación con

su institución hermana, el Instituto de Estudios Wesleyanos - América Latina (Costa Rica), está poniendo a disposición esta colección de himnos de Carlos Wesley para que las iglesias de la tradición wesleyana puedan fortalecerse. Esta colección se ve mejorada con el acompañamiento de un comentario espléndido sobre cada himno del erudito norteamericano S T Kimbrough, Ph.D. Los comentarios proporcionan un trasfondo importante para cada himno y muestran el contexto a partir del cual Carlos escribió estos himnos. Con esta colección, se anima a las personas de la tradición wesleyana a cantar estos himnos en el estilo o contexto de su propia iglesia.

Rev. Mark W. Wethington, Ph.D.
Presidente
Wesley Heritage Foundation, Inc.
North Carolina, USA

Introducción a la versión en español

LA VIABILIDAD DE LOS HIMNOS DE CARLOS WESLEY HOY

Hace algunos años le hice la siguiente pregunta a Fred Pratt Green, el difunto y distinguido escritor de himnos británico: "Has escrito algunos de los himnos más conmovedores, conmemorativos y teológicamente significativos del siglo XX; ¿Por qué nunca te has concentrado en el viaje espiritual interior del cristiano?" Él respondió: "Porque nadie lo hará mejor que Carlos Wesley". A lo largo de los años he reflexionado sobre las implicaciones del comentario de Pratt Green y estoy convencido de que hay varias razones por las cuales los himnos de Carlos Wesley todavía son viables para la adoración y el testimonio en el siglo veintiuno. Representan lo que cada iglesia en la tradición wesleyana y metodista debe ser: *escritural, evangélica, sacramental y misional.* Todas estas dimensiones del movimiento wesleyano están relacionadas con el viaje espiritual interior del que habla Pratt Green, y se pueden encontrar en los himnos contemplados en este folleto.

(1) ESCRITURAL

Incuestionablemente, los primeros metodistas a menudo aprendían las verdades de las Escrituras a través del canto y el estudio de los himnos de Carlos Wesley, ya que están impregnados de lenguaje, imágenes y metáforas bíblicas. Cuando uno lee los textos de los himnos de Wesley en el volumen 7 de la nueva edición de *Works of John Wesley* [*Las obras de Juan Wesley*], que contiene el himnario: *A Collection of Himnos for the use the People Called Methodists* [Una colección de himnos para el uso del pueblo llamado metodista] (1780), y nota las referencias bíblicas en el margen, uno se da cuenta de cuán absorto estaba Carlos Wesley en la Biblia y en expresar las verdades de ella a través de sus himnos.

El himno de Wesley, "Ven, Santo Espíritu de Dios", afirma un acercamiento a la Biblia que permite que su cualidad de apropiación potencie y amplíe nuestra comprensión de la palabra de Dios. Sin importar el método o las herramientas que se usen para estudiar la Biblia, debe haber una disposición abierta para permitir que el Espíritu de Dios hable a través de la Palabra. Hay una influencia divina que fluye de sus páginas a nuestras vidas: "mora en nuestro ser". Wesley nos invita a buscar en oración esa influencia mientras leemos la Biblia, porque es la fuente de su inspiración pasada y presente, y la "fuente de visión, de vida y de poder". La "influencia" es el mismo Espíritu de Dios, quien se mueve en todas las Escrituras con un dinamismo que imparte verdad.

...inspira nuestras almas hoy,
para entender tu ley.

Sin embargo, Carlos no era simplemente un anticuario o un literalista bíblico, porque escribió:

Ya sea que la Palabra sea predicada o leída,
Ningún beneficio salvador obtengo
de sonidos vacíos o letras muertas;
todo es infructuoso y vano,
A menos que por la fe escuche tu palabra
Y vea su carácter celestial.[1]

Las Sagradas Escrituras y la experiencia de la fe están indispensablemente unidas. Esta es la razón por la
que Carlos dijo una vez muy explícitamente:

La Palabra en el sentido literal simple,
aunque escuchada y leída diez mil veces,
nunca puede dispensar de sí misma
el poder salvador que despierta a los muertos;
el significado espiritual y verdadero
el expositor docto puede dar,
pero no puede dar la virtud,
ni avivar su propio espíritu muerto.[2]

(2) Evangélica

Los himnos de Carlos Wesley también son *evangélicos*.
Invitan constantemente a los fieles a proclamar las
buenas nuevas del amor redentor de Cristo. Llaman a
todos a dar testimonio del evangelio. En un tiempo
en la década de 1740, cuando los metodistas estaban
siendo terriblemente oprimidos y perseguidos en Inglaterra, Wesley escribió un pequeño folleto de himnos titulado *Hymns for Times of Trouble and Persecution*

[Himnos para tiempos de angustia y persecución] (1744), en el cual la primera estrofa de un himno familiar, "Oh, siervos de Dios", dice:

> Oh siervos de Dios, cantad a Jesús.
> Y al mundo llevad su nombre de paz.
> El nombre grandioso de Cristo exaltad.
> Su reino glorioso al mundo anunciad.[3]

Imagínese a los hermanos Wesley parados en una esquina con una banda de metodistas frente a una multitud que se opone y acomodando las líneas para que los fieles puedan cantar este poderoso testimonio ante la violencia que se desencadena. Carlos tiene muy claro que incluso en los tiempos más difíciles los cristianos deben ponerse de pie y proclamar el maravilloso nombre de Jesús. ¡Han de compartir el evangelio!

A los que piensan que el lenguaje de Wesley en el siglo dieciocho simplemente es demasiado obsoleto para ser cantado, preguntamos: ¿No queremos que las congregaciones del metodismo sigan cantando el poderoso llamado a la evangelización que se encuentra en las siguientes cuatro líneas del himno "Dame la fe que puede quitar"?

> Quisiera redimir el precioso tiempo,
> Y vivir ya solo para esto,
> gastar todo lo que tengo y desgastarme por ustedes
> los que aún no han conocido a mi Salvador.[4]

¡Esto es lo que los hermanos Wesley pidieron hacer al pueblo llamado metodista y a otras personas de todas las edades! Sin embargo, vivir para gastarse uno mismo por los demás requiere un profundo viaje interior de fe por el cual Wesley aboga en este himno.

(3) SACRAMENTAL

Los Wesley nunca concibieron a la iglesia como evangélica, aparte de los sacramentos del bautismo y la Santa Comunión, que son parte integral del viaje espiritual interior. Vieron el bautismo como una señal y un sello de que la persona es salva del pecado. Uno se convierte en participante de la naturaleza de Dios. Uno *siente* la naturaleza de Dios, dice Carlos, a través de la fe y el amor de Dios revelado en su interior. Por lo tanto, Carlos Wesley escribe:

> He sido verdaderamente bautizado
> En el nombre de Jesús,
> Quien socio de su naturaleza soy
> Y salvo ciertamente del pecado.
> Tu naturaleza, Señor, por la fe, siento
> Tu amor revelado en mí.
> En mí mora tu plena salvación
> Por toda la eternidad.[5]

La Santa Comunión fue tan importante para Juan y Carlos Wesley que dedicaron un volumen completo de himnos a este tema: *Hymns on the Lord's supper*

[Himnos sobre la Cena del Señor] (1745). Juan probablemente preparó la introducción en prosa sobre el sacrificio de Cristo, apropiándose del trabajo de Daniel Bevint sobre este tema, y Carlos escribió los himnos. Los hermanos estaban convencidos de que el enfoque en el sacrificio salvador del cuerpo y la sangre de Cristo que se ofrece a todos, debería enviar regularmente a los creyentes de la adoración a ser siervos fieles de Cristo y de la iglesia. En su himno sobre la "Comunión constante", Carlos sostiene que la falta de observancia de la Santa Comunión apagará la llama del amor entre los fieles.

> Tristes causas mutuas de decadencia,
> El descuido y el vicio van juntos,
> Enfriados desechamos los medios
> y apagamos nuestra última chispa de amor.[6]

Los hermanos Wesley practicaban la comunión semanal y, si era posible, la comunión diaria, sin embargo Carlos pregunta:

> ¿Por qué decrece la semilla fiel,
> la vida de Dios se extingue y muere?
> El sacrificio diario ha cesado,
> Y la caridad al cielo huyó.[7]

En su himno "Venid a la fiesta, porque Cristo invita", Wesley va un paso más allá en su petición de comunión constante, al afirmar que nadie tiene derecho a determinar la no necesidad de la Santa Comunión.

No nos corresponde establecerle a Dios
un tiempo para que dé su gracia,
siempre que se nos otorgue el beneficio,
alegremente lo debemos recibir.[8]

En la mesa de la Santa Comunión, uno experimenta una nueva salvación, como dice Carlos en "Venid, pecadores, a la fiesta del Evangelio":

Venid y participad en la fiesta del evangelio,
sed salvos del pecado, en Jesús descansad;
Probad la bondad de nuestro Dios,
Comed su carne y bebed su sangre.

En la mesa de la Santa Comunión, se pueden superar las divisiones de la iglesia. De manera que Carlos ora:

Segura y real es la gracia,
la manera se desconoce;
Solo encuéntranos en tus caminos
y perfecciónanos en unidad.[9]

(4) MISIONAL

Los himnos de Carlos Wesley llaman constantemente a los fieles a la misión de Dios en el mundo. Anteriormente se citaron cuatro líneas del himno "Dame la fe que puede quitar", pero aquí está la estrofa completa. La prueba de la misión es vivir solo para respirar el amor de Dios.

Quisiera redimir el precioso tiempo,
Y vivir ya solo para esto,
gastar todo lo que tengo y desgastarme por ustedes
los que aún no han conocido a mi Salvador;
Probar mi misión totalmente en esto
y solo respirar para respirar tu amor.[10]

En otro poema, Carlos apela a los sentidos de la vista y el oído como un medio para abrir los recovecos internos de nuestras almas a la plenitud de la misión de Dios.

En nosotros, oh Cristo, tu misión probad,
Tu plena autoridad para sanar,
La ceguera de nuestros corazones quitad,
La cojera de nuestra débil voluntad,
Abrid el oído obediente de nuestra fe,
nuestra naturaleza sucia, leprosa, curad,
Llamadnos del sepulcro,
a predicar la perfección a los pobres.[11]

Según Wesley la comunidad de fe avanza en testimonio y apoyo mutuo en la misión de Dios.

Ayudadnos a ayudarnos unos a otros, Señor,
La cruz del otro llevar;
que cada uno ofrezca su ayuda amistosa,
Y sienta el cuidado de los demás.

Ayudadnos a edificarnos unos a otros,
Nuestro pequeño linaje mejorad;

Incrementad nuestra fe, confirmad nuestra esperanza,
Y perfecciónanos en el amor.[12]

El testimonio y el apoyo mutuo en la misión de Dios de que habla Wesley es para todas las personas de la creación de Dios y especialmente para los pobres. Carlos Wesley le ha dado a la iglesia un manifiesto social por el cual vivir su amor cristiano en las siguientes líneas.

Trabajen para ayudar
al pobre en su necesidad
de abrigo, afecto y pan;
y la palabra del Señor
se cumplirá, si con amor,
la vida entera dan.[13]

Por lo tanto, Carlos Wesley proporciona a la iglesia un maravilloso equilibrio del mandato de la Gran Comisión, de compartir el evangelio de Cristo y del Gran Mandamiento, de compartir el amor de Cristo.

Aunque hay muchos más énfasis dignos en los himnos de Carlos Wesley, estos cuatro, *bíblico, evangélico, sacramental y misional*, están en el corazón de la espiritualidad wesleyana y pueden encontrarse en los himnos de este folleto. Nos recuerdan por qué el corpus de himnos wesleyanos es tan vital en la vida y la práctica del metodismo en el siglo veintiuno. Cuando cantamos y estudiamos sus himnos, proporcionamos a la iglesia contemporánea la resonancia de la espiritualidad wesleyana: una iglesia basada en las Sagradas Escrituras, que proclama apasionadamente el mensaje salvador del evangelio de Cristo, que se renueva en amor, por la gracia de Dios, en la mesa de la Santa Comunión y es enviada por el cuerpo y la sangre de Cristo para ser fieles en la misión de servicio a todos, especialmente a los pobres.

S T Kimbrough, Jr.
13 octubre, 2017

NOTAS

¹ *MS Scriptural Hymns* [Himnos escriturales] (1783).

² *Short Hymns* [Himnos cortos] (1762), 2:249.

³ *Hymns for Times of Trouble and Persecution* [Himnos para tiempos de angustia y persecución] (London: Strahan, 1744), p. 43, No. 1.

⁴ *Hymns and Sacred Poems* [Himnos y poemas sagrados], 2 vols. (Bristol: Farley, 1749), 1:300-1.

⁵ S T Kimbrough, Jr., Oliver A. Beckerlegge, eds., *The Unpublished Poetry of Charles Wesley* [La poesía inédita de Carlos Wesley], 3 vols. (Nashville: Abingdon/Kingswood, 1988, 1990, 1992), 2:379-80; De aquí en adelante citado como "Poesía inédita" seguida de volumen y números de página.

⁶ *Hymns on the Lord's Supper* [Himnos sobre la Cena del Señor] (Bristol: Felix Farley, 1745), p. 140.

⁷ Ibid.

⁸ Ibid., p. 44.

⁹ Ibid., p. 41.

¹⁰ *Hymns and Sacred Poems* [Himnos y poemas sagrados] (1749), 1:300-301.

[11] *Unpub. Poetry* [Poesía inédita], 2:100.

[12] *Hymns and Sacred Poems* [Himnos y poemas sagrados] (Bristol: Farley, 1742), p. 83.

[13] Trans. Federico J. Pagura (1997) de *A Song for the Poor*, p. 28; "Your duty let the apostle show" [Cumpla el apóstol su deber]; *Obras de Wesley*, 9:294-295.

1. "Yo tengo una misión"[1]

Levítico 8:35 – "A la puerta, pues, del tabernácu-lo de reunión estaréis día y noche por siete días, y guardaréis la ordenanza delante de Jehová, para que no muráis; porque así me ha sido mandado."

¿Cómo responderemos al llamado de Dios?

1. Yo tengo una misión:
glorificar a Dios,
y para el cielo preparar,
el alma que él me dio.

2. Al mundo de hoy servir,
cumplir mi vocación;
todas mis fuerzas consagrar
a Dios mi fiel Señor.

3. Ante tu vista, oh Dios
con celo he de vivir,
y con ayuda, rendiré
estricta cuenta al fin.

4. Ayúdame a velar,
confiado en tu poder,
pues si traiciono mi misión,
la vida he de perder.

El homólogo de Carlos Wesley a las *Notas al Nuevo Testamento* de su hermano Juan, fue su propio comentario bíblico escrito en poesía: *Short Hymns on Select Passages of the Holy Scriptures* [Himnos Cortos sobre Pasajes Selectos de las Sagradas Escrituras] (1762), del cual viene este himno. Se basa en Levítico 8:35, "A la puerta, pues, del tabernáculo de reunión estaréis día y noche por siete días, y guardaréis la ordenanza delante de Jehová, para que no muráis; porque así me ha sido mandado."

En este himno, como a menudo era su costumbre, Wesley responde a ciertas palabras y/o ideas específicas en el texto bíblico. Lo que se resalta en el himno es el lenguaje de la segunda mitad del versículo de Levítico, específicamente las palabras "ordenanza" y "muráis".

Levítico 8:5 viene al final de la historia de la consagración de Aarón y sus hijos en el tabernáculo de la asamblea. Después del sacrificio del becerro y del carnero, Aarón y sus hijos reciben este mandato: "De la puerta del tabernáculo de reunión no saldréis en siete días, hasta el día que se cumplan los días de vuestras consagraciones porque por siete días seréis consagrados." (8:33, RVR)

Wesley está intensamente consciente de que la consagración viene acompañada por el llamado de Dios a la obediencia, pero que son los seres humanos quienes tienen la capacidad y la responsabilidad de responder. Luego Wesley traslada el mandato de Dios a la obediencia en el pasaje de Levítico, a la vocación cristiana y la práctica personal de la presencia divina, es decir, el camino de la santidad. Su enfoque está en el cuidado personal en este camino.

Primero, todos reciben una misión de Dios: "Yo tengo una misión." ¿Cuál es esa misión? Es muy personal, a saber, "glorificar a Dios." Además, uno es el mayordomo de una vida dada por Dios, la cual debe dedicarse a Dios: "el alma que él me dio." Esta misión lleva consigo la responsabilidad de nutrir el don de vida de Dios y prepararse para la vida eterna: "para el cielo preparar." Detrás de las palabras de Wesley hay años de memorias de su propia indecisión sobre seguir la misión de Dios para su vida. Él recordaba que había entrado al orden sagrado de mala gana, que había predicado y servido como clérigo durante tres años antes de experimentar el pleno poder redentor de Dios en Cristo, y que aún después de su conversión en el Día de Pentecostés 1738, hubo momentos cuando no era tan fácil cumplir con la misión de Dios. Aún así, no podía escaparse de su responsabilidad ante Dios, y perseveró.

Segundo, la misión de Dios es contemporánea y holística. Wesley sabía que él y todos los seguidores de Cristo no podían vivir en el pasado. Igual que él, son llamados al "mundo de hoy servir/ cumplir [su] vocación." Puede que él se hubiera convertido el 21 de mayo, 1738, pero escribió las palabras de este himno más de veinte años después. Mientras el recuerdo de esa experiencia le sostuviera, era llamado al "mundo de hoy servir," no a vivir en el pasado. Dios le citaba siempre de nuevo a cumplir su misión en el momento presente. ¿Cómo? Con el uso de sus facultades plenas. La convocatoria de Dios es un llamado a comprometerse. Todo lo que somos, la esencia misma de nuestro ser, es un llamado al servicio de Dios. "Todas mis fuerzas consagrar/ a Dios mi fiel Señor."

Tercero, la misión de Dios despierta una consciencia aguda de la presencia de Dios. Wesley ora para que esté siempre consciente de que vive ante la mirada de Dios, porque Dios tiene una visión clara de cada aspecto de su vida. La pregunta para él es: ¿Vivirá con una consciencia constante de la presencia de Dios? Y su oración continúa: "Y con ayuda, rendiré/ estricta cuenta al fin." La misión de Dios anticipa una rendición de cuentas. Uno tiene que dar una cuenta de su propia vida. La práctica de la presencia divina no se puede hacer de manera indiferente. La respuesta disciplinada a la misión de Dios requiere una "cuenta estricta" de la existencia diaria propia de cada uno.

Cuarto, la misión de Dios anticipa las disciplinas de contemplación y oración. De ahí que Wesley ora: "Ayúdame a velar/ confiado en tu poder." Depender de Dios no es algo que uno toma por sentado. No es un estado subconsciente para el cristiano. La secuencia de Wesley no es circunstancial – velar y orar anticipan, afirman, y profundizan la dependencia de Dios. Él sabía el valor de estas disciplinas aún cuando parecían sin sentido. En una ocasión recordó en su Diario que había servido el sacramento de la Santa Comunión, pero que no había sentido la presencia de Cristo. Empero, no dejó de celebrar el sacramento. En otra ocasión, mientras meditaba durante la liturgia sobre el sacrificio de Cristo por él, escribió asombrado en su Diario, "¡O, amor! ¡O, amor!"

La última línea de este himno ha provocado mucha especulación en cuanto a su significado teológico y ha perturbado a muchos intérpretes: "Pues si traiciono mi misión/ la vida he de perder." Esto tiene que entenderse con el trasfondo del pasaje de Levítico (8:35), sobre el cual el himno se basa. Wesley afirma que el rompimiento de la misión de Dios no está exenta de consecuencias.

NOTA

[1] Short Hymns on Select Passages of the Holy Scripture [Himnos cortos sobre pasajes selectos de las Sagradas Escrituras] (1762). Traducción: Federico J. Pagura (1997).

2. ¿Qué beneficios me dará?[1]

Hechos 16:26 — "Entonces sobrevino de repente un gran terremoto, de tal manera que los cimientos de la cárcel se sacudían; y al instante se abrieron todas las puertas, y las cadenas de todos se soltaron."

¿Podemos vivir el misterio?

1. ¿Qué beneficios me dará
la sangre de mi Salvador?
¿Murió por mí, que le ofendí
y hasta a la muerte le llevé?
¡Inmenso amor! ¿Cómo entender
que así muriera Dios por mí?

2. Todo es misterio: el Inmortal muere,
y es tan extraño el plan,
que ni el más sabio serafín
puede sondear tan grande amor.
Tan solo cabe adoración:
por gracia es Dios quien muere así.

3. Dejando el trono paternal,
su gracia tan inmensa fue,
que allí de todo se vació,
menos de su infinito amor,
que por la errante humanidad,
sin condiciones nos brindó.

4. Mi alma, prisiones padeció
por el pecado y la maldad,
hasta que un rayo de tu luz
me despertó y me libertó,
y libre ya, me puse en pie,
para seguirte a ti, Jesús.

5. Condenación no temo más,
pues todo es mío en mi Señor;
viviendo en él, vestido estoy
de su divina rectitud.
Sé que él corona me dará:
confiado hacia su trono voy.

Las interrogantes profundas de la primera estrofa caracterizan la búsqueda de Dios durante toda la vida de Wesley, desde su búsqueda inicial hasta su conciencia constante de que este "interés" era la pasión consumidora de su vida. Estas interrogantes reflejan su viaje espiritual y personalizan la experiencia cristiana. Por lo tanto, si consideramos estas preguntas con cuidado, nuestra relación con Dios crecerá y las preguntas de Wesley se harán nuestras.

> "¿Qué beneficios me dará,
> la sangre de mi Salvador?"

Wesley se asombró al encontrarse interesado en el sacrificio de Cristo. Los eventos del Calvario habían sucedido hace siglos. ¿Qué le atraía a ellos ahora? De mala gana se había convertido en un clérigo de la Iglesia de Inglaterra en 1735, por insistencia de su hermano Juan, a quien luego acompañó con gran cautela a la colonia americana de Georgia como miembro del personal de Coronel Oglethorpe y como misionero. Wesley había pensado en pasar toda su vida en Oxford. Fue allí que había recibido sus títulos y se había establecido como orador en Christ Church. La vida de Oxford había atraído su interés. Empero, algo le faltaba. A bordo del barco Simmonds en enero de 1736, justo en las afueras de la isla de Tibey en Georgia, él escribió:

> "En vano he huido de mí mismo a América. Aún gimo bajo el peso intolerable de la miseria inherente. Si aún

no me he arrepentido de mi misión, es porque no podía esperar algo mejor en Inglaterra o en el Paraíso. Vaya donde vaya, cargo mi propio Infierno conmigo."[2]

Poco más de cinco meses después, Carlos Wesley zarpó de nuevo a Inglaterra, abatido por su inutilidad en Georgia. Hubo una tremenda agitación interior en su vida. No fue hasta el 21 de mayo, 1738, que la respuesta "¡Sí!" llegó a la pregunta:

¿Murió por mí, que le ofendí
y hasta a la muerte le llevé?

Cuatro días antes, mientras leía el comentario de Martin Lutero sobre Gálatas, en particular la conclusión del capítulo dos, Wesley comenzó a darse cuenta de que su propio pecado fue parte del pecado de toda la humanidad, por el cual Cristo había dado su vida en la cruz. Por lo tanto, confesó, "¡Inmenso amor!" Wesley había experimentado los males sociales de Inglaterra en su época, con las masas de los rechazados, destituidos, y hambrientos, junto con los males de América, con su vil esclavitud de los negros y su maltrato de los pueblos indígenas. Ahora se dio cuenta que el sacrificio de Cristo en el Calvario se hizo por aquellos pecados; pero no solo por los pecados sociales, porque ellos tienen su origen en el pecado personal.

Después de su conversión en 1738, Wesley pasó el resto de su vida maravillado por el amor asombroso de Dios, sabiendo que nunca podría llegar a entenderlo del todo. Sería una lucha constante. Más de un año después de su conversión, escribió en su diario:

"Nunca conocía hasta ahora la fuerza de la tentación y la energía del pecado. ¿Quién, siendo hecho de carne y hueso, codiciaría grandes éxitos? Vivo en una tormenta constante. Mi alma siempre está en mi mano. El enemigo me empuja duro, para que caiga; y un enemigo peor que el diablo es mi propio corazón...Recibí, espero con humildad, un perdón fresco en el sacramento en [la Iglesia de] San Pablo (Londres)."[3]

Todo es misterio: el Inmortal muere,
y es tan extraño el plan,

Wesley aprendió a vivir el misterio: que las preguntas y las confesiones van juntas; que vaciarse de todo menos el amor es lo que significa servir a un Dios quien en Cristo fue vaciado de todo "menos de su infinito amor."

Si las preguntas de Carlos Wesley son nuestras preguntas, permitamos que sus descubrimientos y su confesión sean nuestras también. Que aprendamos a vivir el misterio del amor de Dios. En los momentos cuando más vacíos nos sentimos, que "confiado[s] hacia su trono" vayamos, sabiendo que:

...su infinito amor,
que por la errante humanidad,
sin condiciones nos brindó.

NOTAS

[1] *Hymns and Sacred Poems* [Himnos y poemas sagrados] (1739). Traducción: Federico Pagura (1997) en base al original y traducción literal de Ephraín S. Alphonse.

[2] Frank Baker, *Charles Wesley as Revealed by His Letters* [Carlos Wesley, revelado en sus cartas] (Londres: Epworth, 1948), 22.

[3] Diario, 1:157

3. "El Señor resucitó"[1]

1 Corintios 15:54 – "Sorbida es la muerte en victoria."

¿Qué es la vida eterna?

1. El Señor resucitó, ¡Aleluya!
muerte y tumba ya venció ¡Aleluya![2]
con su fuerza y su virtud ¡Aleluya!
cautivó la esclavitud. ¡Aleluya!

2. El que al polvo se humilló, ¡Aleluya!
vencedor se levantó, ¡Aleluya!
Cante hoy la cristiandad ¡Aleluya!
su gloriosa majestad. ¡Aleluya!

3. Cristo, que la cruz sufrió, ¡Aleluya!
y en desolación se vio, ¡Aleluya!
hoy en gloria celestial ¡Aleluya!
reina vivo e inmortal. ¡Aleluya!

4. Hoy al lado está de Dios, ¡Aleluya!
donde escucha nuestra voz; ¡Aleluya!
por nosotros rogará, ¡Aleluya!
con su amor no salvará. ¡Aleluya!

5. ¡Al Señor de la creación, ¡Aleluya!
tributad adoración! ¡Aleluya!
Triunfador es sin igual, ¡Aleluya!
de la muerte el Inmortal. ¡Aleluya!

6. Rey de gloria y bondad, ¡Aleluya!
das la vida eternal; ¡Aleluya!
de tu amor y tu poder, ¡Aleluya!
tu testigo anhelo ser. ¡Aleluya!

Traducción literal:

1. Cristo el Señor ha resucitado hoy, ¡Aleluya!
los hijos de los hombres y los ángeles dicen: ¡Aleluya!
Levanten sus alegrías y triunfos en alto, ¡Aleluya!
Cantad, cielos, y la tierra responde. ¡Aleluya!

2. El trabajo redentor del amor está hecho. ¡Aleluya!
Peleó la lucha, la batalla ganó; ¡Aleluya!
La muerte en vano le impide resucitar, ¡Aleluya!
¡Cristo ha abierto el paraíso! ¡Aleluya!

3. Vive de nuevo nuestro Rey glorioso, ¡Aleluya!
¿Dónde, oh muerte, está ahora tu aguijón? ¡Aleluya!
Murió una vez para salvar nuestras almas; ¡Aleluya!
¿Dónde está tu victoria, tumba jactanciosa? ¡Aleluya!

4. Ahora nos elevamos a donde Cristo ha guiado, ¡Aleluya!
siguiendo a nuestra exaltada Cabeza; ¡Aleluya!
Hechos como él, como él resucitamos, ¡Aleluya!
¡Nuestra la cruz, la tumba, los cielos! ¡Aleluya!

5. ¡Oh, Señor de la tierra y del cielo! ¡Aleluya!
Alabado seas por ambos; ¡Aleluya!
Te saludamos triunfantes ahora; ¡Aleluya!
¡Oh, la resurrección, tú! ¡Aleluya!

6. Rey de gloria, alma de dicha, ¡Aleluya!
la vida eterna es esta: ¡Aleluya!
Conocerte a Ti, tu poder probar, ¡Aleluya!
Así, cantar, y así amar. ¡Aleluya!

Este himno popular y poderoso sobre la resurrección de Cristo, originalmente fue titulado por Wesley, "Himno para el Día de Pascua." Cuando primero se publicó en 1739, tenía once estrofas. Las cuatro primeras aquí vienen en el orden original. Las últimas dos originales (10 y 11) se presentan aquí como estrofas cinco y seis.

Cuando cantamos o leemos este himno, captamos el espíritu de la resurrección y emprendemos un viaje por un vasto espectro de emociones y pensamientos, los cuales salen de la resurrección de Cristo y la rodean. Toda la creación se une al refrán:

Cristo el Señor ha resucitado hoy.

Toda la creación canta porque ¡el amor ha vencido a la muerte! La oscuridad que envolvía la crucifixión, ahora ha desaparecido y ya no más debe derramarse sangre para redimir a la humanidad. (Véanse estrofas 1 y 2).

Ningún esfuerzo humano puede abarcar el acto poderoso de Dios de abrir el Paraíso a toda la creación. De ahí, las preguntas de Pablo en 1 Corintios, "¿Dónde está, oh muerte, tu aguijón? ¿Dónde, oh sepulcro, tu victoria?" (15:55, RVR), son precedidas por las siguientes afirmaciones:

Vive de nuevo nuestro Rey glorioso;

. . .

Murió una vez para salvar nuestras almas.

Nosotros también nos levantamos con Cristo: "Ahora nos elevamos a donde Cristo ha guiado". Él nos ha precedido y nos ha mostrado nuestro destino, que se resume en tres palabras: "Nuestra la cruz, la tumba, los cielos". Sufrimos, morimos, y resucitamos con Cristo.

Incuestionablemente, la iglesia nació de la fe de la resurrección y la esperanza de vida eterna. Este himno proclama con elocuencia esa fe y esperanza. Sin embargo, Wesley no tuvo la intención de terminar el himno simplemente con la nota de esperanza en la fe de la resurrección y la vida eterna en el mundo más allá, como lo hacen muchos himnarios al excluir las dos estrofas finales del himno original, que son las estrofas cinco y seis anteriores. El himno termina como ha comenzado: en alabanza al Cristo resucitado. Sin embargo, hay más. Afirma que la vida eterna es una realidad presente, no meramente una recompensa futura. Además, toma una forma tangible: ¡ahora!

> *Rey de gloria, alma de dicha,*
> *la vida eterna es esta:*
> *Conocerte a Ti, tu poder probar,*
> *Así, cantar, y así amar.*

Wesley usa verbos para describir la vida eterna porque es la vida activa en el presente. ¿Qué es la vida eterna?

Conocerte a Ti. Wesley recuerda la oración de Jesús en Juan 17:3: "Y esta es la vida eterna, que te conozcan a ti, el único Dios verdadero, y a Jesucristo, a quien has enviado". La vida eterna implica un proceso mental activo. Primera de Juan 5:20 lo expresa de esta manera: "Sabemos que el Hijo de Dios ha venido, y nos ha dado entendimiento para que podamos conocer al que es verdadero; y estamos en el verdadero, en su Hijo Jesucristo. Este es el verdadero Dios y la vida eterna".

Tu poder probar. La vida eterna prueba el poder de Dios. Wesley no quiere decir que debemos verificar el poder de Dios; más bien, debemos personificar tal poder y ser su prueba, su testimonio en un mundo que prefiere confiar en su propio poder.

Así cantar. La vida eterna es cantar el himno de alabanza de la creación al Creador que ha destruido la fuerza de la muerte, que amenazaba la creación. Como Agustín dijo una vez: "El cristiano debe ser un Aleluya de pies a cabeza". ¡Ese es el canto eterno!

Así amar. La vida eterna es amar como Cristo amó, incluso si eso significa sacrificar la vida de uno. Es un amor perpetuo, que se entrega a sí mismo, que va en busca de los demás y de Dios a toda costa, incluso la muerte.

Los cristianos son participantes activos en la vida eterna ahora. ¡"Cristo el Señor ha resucitado hoy" y nosotros también! Este es nuestro himno para la Pascua y todos los días del año.

NOTAS

[1] *Hymns and Sacred Poems* [Himnos y poemas sagrados] (1739), 209-11. Estrofas 1-4, traducidas por Juan Bautista

Cabrera; estrofas 5-6 traducidas por Oscar Aguilar. Traducción literal por Oscar Aguilar.

[2] Erik Routley sugiere la frase inclusiva "toda la creación se une para decir" para la línea original "los hijos de los hombres y los ángeles dicen". Véase *Rejoice in the Lord* [Alegraos en el Señor], editado por Erik Routley (Grand Rapids: W. B. Eerdman, 1985), No. 325.

4. "Ven, Jesús muy esperado"[1]

¿Nació Jesús para liberar a las personas?

1. Ven, Jesús muy esperado,
   ven y quita de tu grey
   sus temores y pecados,
   pues tú eres nuestro Rey.
   Eres fuerza y alegría
   de la tierra y de Israel;
   y esperanza para aquéllos
   que te esperan con gran fe.

2. Naces para bien de todos,
   aunque niño, eres Dios;
   naces para hacernos buenos;
   oh Jesús, ven pronto a nos.
   Con tu Espíritu divino,
   reina en todo corazón,
   y tu gracia nos conduzca
   a tu trono de esplendor.

Este gran himno de libertad y liberación cobra otras dimensiones de significado cuando consideramos un evento particular en la vida de Carlos Wesley. Desgastado y abatido después de solo cinco meses en la colonia de Georgia, decidió volver a Inglaterra. Carlos hizo un viaje por tierra a Charleston de donde zarparía el barco que debía abordar para Inglaterra. Pero si su ánimo estaba en su punto más bajo, quedó destrozado por completo por su encuentro directo con la esclavitud al llegar a Charleston. En su Diario, escribió:

Yo había observado mucho, y escuchado más, de la crueldad de los amos hacia sus negros, pero ahora recibí una cuenta auténtica de algunos ejemplos horribles de esta. Fue práctica común, según yo mismo vi, el dar a un niño un esclavo de su misma edad para tiranizar, golpear y abusar por diversión. Tampoco es extraño, siendo así entrenados en la crueldad, que luego alcancen tan grande perfección en aquello; que el Sr. Star, un caballero que vi a menudo en la casa del Sr. Lasserre, según él mismo le informó a Lasserre, debería primero clavar a un negro por las orejas, luego mandar a que sea azotado de la manera más severa, y luego que se le arroje agua hirviente, tal que luego la pobre criatura no pudiera moverse por cuatro meses…Estas crueldades horribles son lo que menos asombran, porque el gobierno mismo, de hecho, consiente y permite que ellos maten a sus esclavos, por la pena ridícula asignada, de unas siete libras esterlinas, la mitad de las cuales suele ahorrarse al delatarse el criminal a si mismo. Esto no lo puedo considerar menos que un acto público de recompensar el asesinato.[2]

Como declara este himno, Carlos Wesley sabía que Jesús nació para liberar a todas las personas; ¡sí, los esclavos también! Mortificado por el terror de la esclavitud, solo podía esperar que los esclavos, sus amos y todos que fueran tocados por esta maldad salvaje, pudiesen ser liberados de sus temores y pecados y encontrasen su descanso en Jesús. "¡Esta es la única esperanza de toda la tierra!," clamó Wesley. Él entendió y había experimentado que Jesús de verdad nació para liberar a las personas de la servidumbre, y que cuando Jesús reina, sus corazones ya no más podían sujetar a otros a la tiranía de la esclavitud.

En un mundo pululante de injusticia, necesitamos cantar este himno con gran expectativa y vivir su mensaje ¡hasta que aquellos que estén esclavizados al pecado y toda servidumbre humana sean liberados!

"Ven, Jesús muy esperado
ven y quita de tu grey
sus temores y pecados,
pues tú eres nuestro Rey."

Qué mundo sería, si las personas de verdad fueran liberadas de sus "temores y pecados," como ruega Carlos en la primera estrofa. Esta es una realidad, según él entiende el evangelio, porque Cristo es la "esperanza de toda la tierra." Sépanlo o no las naciones, él es su deseo, ya que él trae integridad y un amor cariñoso y sanador, características de una vida que permite a las sociedades y sus miembros funcionar, sobrevivir, vivir en harmonía y tener éxito. Cristo también es esperanza porque nació para "bien de todos," para liberarles de la esclavitud de todo pecado y opresión, y reemplazar todos los reinados de los gobernantes terrenales con el reinado del amor en los corazones humanos. El Espíritu de Cristo, marcado por el amor abnegado, está para "reinar en todo corazón."

El mundo, en medio de la agonía del odio, la violencia y la guerra, aún espera el cumplimiento de la esperanza de la cual Carlos Wesley canta. La gente grita "¡Paz!," pero no hay paz. Empero, Cristo personifica en su vida, ministerio, muerte y resurrección, aquello que el mundo anhela: sanidad, construcción de paz, amor libertador. No es mera consolación darse cuenta uno de estas realidades en su vida– más bien, es una fuerza. Es precisamente esta esperanza de un Mesías de amorosa paz, lo que fue la "fuerza y alegría…de Israel." Esta esperanza es nuestra también. ¿Quién confiará en el espíritu eterno de Cristo para reinar solo en su corazón?

¿Quién confiará en los méritos de Cristo como completamente suficientes para la necesidad humana? Esas preguntas confrontan a todos los que cantan este gran himno de liberación y esperanza cada vez que se entone.

Jamás disminuirá la urgencia del mensaje de Wesley para la liberación de toda persona, y oramos y oramos, una y otra vez, que las súplicas que él le hace a Dios sean cumplidas en nosotros: "ven y quita de tu grey/ sus temores y pecados... reina en todo corazón/ y tu gracia nos conduzca/ a tu trono de esplendor."

NOTAS

[1] *Hymns for the Nativity of our Lord* [Himnos para el nacimiento de nuestro Señor] (1745), Hymn 10, 14. Traducción: Lorenzo Álvarez (1897).
[2] Diario, 1:36-37

5. "Ven, Santo Espíritu de Dios"[1]

¿Cómo leemos la Biblia?

1. Ven, Santo Espíritu de Dios,
   y mora en nuestro ser:
   oh, clara fuente de visión,
   de vida y de poder.

2. Ven, Santo Espíritu de Dios,
   como al profeta ayer,
   inspira nuestras almas hoy
   para entender tu ley.

3. Tus alas abre y cúbrenos,
   paloma celestial;
   tu luz inunde el corazón
   y aleje todo mal.

4. El testimonio danos ya
   que somos del Señor;
   que Cristo, por la eternidad,
   nos guardará en su amor.

Quizás haya muchos mensajes sencillos en la Biblia, pero la Biblia de ninguna manera es un libro sencillo. Abarca numerosos siglos y no está escrita en orden cronológico. Para captar su mensaje y significado, es esencial tener algo de conocimiento del mundo del cual vino, el antiguo oriente próximo. Está escrita en tres idiomas— hebreo, arameo, y griego— y las personas que no leen esos idiomas deben leer traducciones. A pesar de lo fiel que intentan ser los traductores a los idiomas originales en la forma en que los han recibido en los libros bíblicos, no siempre es fácil captar los matices de los modismos, expresiones y palabras para las cuales no hay equivalentes directos en muchos idiomas.

Los estudiantes serios de la Biblia usan todo método posible para estudiarla. Por ejemplo, la ciencia de la arqueología ha producido una abundancia de información, la cual aumenta de gran manera la comprensión del mundo, el idioma, la historia y el mensaje de la Biblia. Se han desarrollado en el campo de estudios bíblicos avenidas de investigación indudablemente diversas, las cuales iluminan la Biblia. Sin embargo, las Escrituras encarnan o personifican una cualidad, la cual trasciende y complementa todo método de estudiarla. Mientras muchos de estos métodos se muestran útiles para apropiarse la Biblia con el fin de sacar el significado más auténtico posible, las Escrituras tienen un poder de apropiación propio: una capacidad de encontrar a las personas donde están, y hablarles a ellos y a sus necesidades.

El himno de Wesley, "Ven Santo Espíritu de Dios," afirma un abordaje a la Biblia que permite que su cualidad de apropiación empodere y aumente nuestro concepto de la palabra de Dios. Sin importar el método o las herramientas usados para estudiar la Biblia, debe haber una disposición abierta para permitir al Espíritu de Dios hablar a través de la Palabra. Hay una influencia divina que fluye de sus páginas a nuestras vidas: "mora en nuestro ser." Wesley nos invita a buscar en oración esa influencia mientras leemos la Biblia, porque es la fuente de su inspiración pasada y presente, y la "fuente de visión, de vida y de poder." La "influencia" es el mismo Espíritu de Dios, quien se mueve en todas las Escrituras con un dinamismo que imparte verdad.

> ...inspira nuestras almas hoy,
> para entender tu ley.

Los que ven sus vidas destrozadas y desesperadas pueden buscar en las Escrituras y descubrir la verdad acerca de Dios, de ellos mismos y de sus necesidades, la cual sana y hace posible nuevos comienzos.

El Espíritu de Dios no solamente abre la verdad de las Escrituras, sino también arroja luz sobre la oscuridad de nuestras vidas. Trae orden a los espíritus desordenados:

> ...tu luz inunde el corazón,
> y aleje todo mal.

La estrofa número cuatro afirma que es el mismo ser de Dios el que se revela en las Escrituras y, por lo tanto, es Dios a quien llegamos a conocer mientras las leemos. La luz, que inunda nuestras vidas desde las páginas de la Biblia, es el resplandor mismo de Dios.

¿Cómo leemos la Biblia? En una actitud de oración, con el corazón y la mente abiertos a la influencia del Espíritu– la verdad y la luz. Al hacer esto, sondeamos las profundidades del amor divino. Los barcos sondean para determinar la profundidad del agua. Cuando leemos la Biblia, estamos sondeando las profundidades del amor divino. Sus profundidades no pueden ser determinadas, sin embargo, como uno sondea la profundidad del agua al fondo del mar, porque el amor de Dios es insondable. Empero, cada vez que leemos la Biblia con una apertura al Espíritu de Dios, descubriremos nuevas profundidades de ese amor. Entre más profundo vayamos en la Palabra de Dios, más profundo nos sumergimos en el amor de Dios. En Jesús, el amor divino asciende a una cruz, baja a una tumba, y se levanta a la tierra y al cielo por nosotros.

Cada vez que leemos la Biblia, buscamos el amor de Dios. Así, el acto en sí ¡se convierte en un acto de amor!

NOTA

[1] *Hymns and Sacred Poems* [Himnos y poemas sagrados], (1740), 42-43. Traducción: Federico Pagura

6. "Oh, Tú, viajero extraño, ven[1]

Génesis 32:24-32: De modo que Jacob se quedó solo, y un varón luchó con él hasta la salida del sol. Pero cuando el varón vio que no podría vencerlo, lo golpeó en la coyuntura de su muslo, y en la lucha el muslo de Jacob se desconyuntó. Y dijo: "Déjame ir, porque ya está saliendo el sol" Pero Jacob le respondió: "No te dejaré ir, si no me bendices." Y el varón le dijo: "Cuál es tu nombre" Y él respondió: "Jacob". Y el varón le dijo: "Tu nombre ya no será Jacob, sino Israel; porque has luchado con Dios y con los hombres, y has vencido." Entonces Jacob le preguntó: "Ahora hazme saber tu nombre." Y el varón le respondió: "¿Para qué quieres saber mi nombre?" Y lo bendijo allí. A ese lugar Jacob le puso por nombre "Peniel", porque dijo: "He visto a Dios cara a cara, y sigo con vida." El sol salía cuando Jacob, que iba cojeando de la cadera, cruzó Peniel. Por eso hasta el día de hoy los israelitas no comen del tendón que se contrajo, y que está en la coyuntura del muslo; porque aquel hombre golpeó a Jacob en esta parte de su muslo, en el tendón que se contrajo.

¿Quién es Dios?

1. Oh tú, viajero extraño, ven,
sin verte, asido a ti yo estoy
se han ido todos, tarde es ya,
y yo contigo sólo voy;
contigo en sombras lucharé
y así la aurora esperaré.

2. No necesito declarar
Ni mi pecado, ni quien soy;
Pues tu llamado es personal
Y tu conoces ya quien soy;
Quién eres tú, preguntaré
Tu nombre quiero conocer.

3. En vano quieres libertad,
no he de dejarte nunca, no;
mi nombre sabes, pero tú
¿qué nombre tienes, oh Señor?
¿Acaso fuiste el que ofreció
por mí su vida en amor?

4. ¿Vas pronto Tú a revelar
Tu nombre nuevo y sin par?
Te ruego, dímelo Señor;
Para saberlo listo estoy.
Sin lucha no podrás partir,
Tu nombre quiero ya oír.

5. Es en vano sostener tu lengua
o tocar la cuenca de mi muslo;
aunque todos los tendones estén sueltos,
de mis brazos no volarás;
luchando no te dejaré ir,
Hasta que tu nombre, tu naturaleza conozca.

6. ¿De qué te quejas mi decadente carne
y murmuras en contienda por tanto tiempo?
Me elevo por encima de mi dolor:

cuando soy débil, entonces soy fuerte,
y cuando toda mi fuerza falle,
Con el Dios-hombre prevaleceré.

7. Mi fuerza se ha ido, mi naturaleza muere,
Me hundí bajo tu pesada mano,
desmayé para revivir y caí para levantarme;
Caigo, y sin embargo, por la fe estoy en pie;
Me paro y no te dejaré ir
Hasta que tu nombre, tu naturaleza conozca.

8. Respóndeme, pues débil soy
y en mis angustias clamo a ti;
que te conquiste mi oración
y me bendigas al partir;
no he de dejarte: hombre oh Dios,
ansioso espero oír tu voz.

9. Amor, tu nombre es sólo Amor:
calladamente percibí
tu voz diciendo al corazón:
«mi vida entera di por ti».
Las sombras huyen, brilla el sol:
tu nombre, oh Dios, es santo Amor.

10. Mi oración tiene poder para con Dios;
la gracia indecible recibo ahora;
por la fe te veo cara a cara,
¡Te veo cara a cara, y vivo!
En vano no he llorado y luchado
Tu naturaleza y tu nombre es amor.

11. Te conozco, Salvador, quién eres,
Jesús, el amigo del débil pecador;
con la noche no partirás,
Pero quédate y ámame hasta el final:
Tus misericordias nunca quitarás,
Tu naturaleza y tu nombre es amor.

12. El sol de justicia sobre mí,
Se ha levantado con salvación en sus alas;
la fuerza de mi naturaleza marchita;
de ti mi alma su vida y su socorro trae;
Mi ayuda está disponible arriba;
Tu naturaleza, y tu nombre es amor.

13. Contento ahora sobre mi muslo
Me detengo, hasta que termine el corto viaje de la
vida;
En todo desamparo, toda debilidad
de ti solo dependo por fortaleza;
tampoco tengo el poder que viene de tí para mover-
me:
Tu naturaleza y tu nombre es amor.

14. Pobre como soy, tomo la presa,
el infierno, la tierra y el pecado con facilidad vencidos;
Salto de gozo, sigo mi camino,
y como un ciervo saltando a casa,
por toda la eternidad para probar
que tu naturaleza y tu nombre es amor.

Con estas líneas, Carlos Wesley ha escrito su autobiografía espiritual. Ve las luchas de su propia vida reflejadas en la lucha de Jacob con el ángel. La vida de Wesley fue una lucha para conocer al Viajero Extraño. Incluso después de su conversión en mayo de 1738, cuando comprendió la realidad del amor de Dios por él en Jesucristo, la lucha por conocer las alturas y las profundidades de tal amor y el Dios que se dio y se da a sí mismo en ese amor, continuó hasta su muerte a la edad de ochenta y un años. Este poema no es solo su autobiografía espiritual. Es la nuestra también. Las preguntas que él hacía son las que nosotros hacemos:

¿Quién es Dios?
    "Quién eres tú, preguntaré" (estrofa 2)
¿Quién es Jesús?
    "¿Acaso fuiste el que ofreció
por mí su vida en amor?" (estrofa 3)
      ¿Puedo conocer a Dios?
"¿Vas pronto tú a revelar
    Tu nombre nuevo y sin par?" (estrofa 4)

La búsqueda de Wesley es nuestra búsqueda y es la experiencia de fe que se remonta por siglos.

Luchamos por conocer el nombre y la naturaleza de Dios. Nos aferramos a lo Desconocido y nos aferramos a lo que no podemos ver. El hermano de Charles, John, elocuentemente expresó la búsqueda del Dios invisible en la traducción de un himno alemán por Gerhard Tersteegen.

Tú escondiste el amor de Dios, cuya altura,
    cuya profundidad insondable, nadie conoce,
Veo desde lejos tu hermosa luz,
    y de tu reposo una vista interior;
mi corazón dolido está, ni puede en
reposo estar, hasta que encuentre reposo en ti.
(Traducción libre)

La lucha es una crisis de identidad: ¿quién es Dios y quién soy yo? Si queremos vitalidad divina en nuestras vidas, ¿cómo podemos recibirla? En la historia bíblica, Jacob debe preguntar primero quién es él antes de poder recibir la bendición. En la estrofa 2 dice Wesley, sin embargo:

No necesito declarar
Ni mi pecado, ni quien soy;
Pues tu llamado es personal
Y tu conoces ya quien soy;

Dios conoce a las generaciones de la humanidad por su nombre: "pecadores", y ese nombre está escrito en las manos perforadas de Jesús en la cruz. Dios sabe quiénes somos.

La lucha requiere resistencia.
    Sin lucha no podrás partir,
    Tu nombre quiero ya oír

Es fácil rendirse en medio de la lucha por conocer a Dios. Cuando nos desesperamos, nos falta confianza y tenemos dudas, debemos aferrarnos al Viajero

Extraño a quien no podemos ver, es decir, a Dios. Debemos "luchar hasta el amanecer", que es una lucha de por vida. Esta fue la experiencia de Israel. Es la nuestra también. Si resistimos y no rendimos, saldremos de la lucha sabiendo que el nombre y la naturaleza de Dios son lo mismo: amor.

Las estrofas 1 a 6 hablan de la agonía de la lucha, el dolor mental y físico y las preguntas que escudriñan el alma, que a menudo alejan a muchos de Dios. Las estrofas 7 a 14, sin embargo, describen el descubrimiento de la fe, que resuena en el estribillo: "Tu naturaleza y tu nombre es Amor".

El amor con "A" mayúscula es quién es Dios, cómo es Dios y la forma en que la auto manifestación de Dios se nos revela. Es el amor de Dios dado a conocer en Jesús lo que hace que las sombras de la duda huyan al amanecer y confesamos con Wesley: "¡Amor puro y universal, eres tú!"

¿Quién es Dios? Amor. ¿Quién es Jesús? El que nos muestra cómo actúa el amor de Dios en el mundo. ¿Podemos conocer a Dios? ¡Sí! Si soportamos la lucha por entender a Dios a quien no podemos ver, experimentaremos ese amor, el amor de Dios, puesto en práctica en la vida, que es lo que más importa.

NOTA

[1] Hymns and Sacred Poems (1742), 115-18. Charles Wesley. Estrofas 1, 3, 8, 9 con traducción poética de Federico J. Pagura. Estrofas 2, 4-7, 10-14 con traducción literal de Oscar Aguilar M.

7. "Venid, pecadores, a la fiesta del evangelio"[1]

Lucas 14:16-24: Entonces Jesús le dijo: Un hombre hizo una gran cena, y convidó a muchos. Y a la hora de la cena envió a su siervo a decir a los convidados: Venid, que ya todo está preparado. Y todos a una comenzaron a excusarse. El primero dijo: He comprado una hacienda, necesito ir a verla; te ruego que me excuses. Otro dijo: He comprado cinco yuntas de bueyes, y voy a probarlos; te ruego que me excuses. Y otro dijo: Acabo de casarme, y por tanto no puedo ir. Vuelto el siervo, hizo saber estas cosas a su señor. Entonces enojado el padre de familia, dijo a su siervo: Ve pronto por las plazas y las calles de la ciudad, y trae acá a los pobres, los mancos, los cojos y los ciegos. Y dijo el siervo: Señor, se ha hecho como mandaste, y aún hay lugar. Dijo el señor al siervo: Ve por los caminos y por los vallados, y fuérzalos a entrar, para que se llene mi casa. Porque os digo que ninguno de aquellos hombres que fueron convidados, gustará mi cena.

¿A quién invitarás a cenar?

Himno 339	Himno 616
1. Venid, pecadores, a la fiesta del evangelio; que cada alma sea huésped de Jesús. Ninguno de ustedes ha de ser excluido, pues Dios ha invitado a toda la humanidad.	1. Venid, pecadores, a la fiesta del evangelio Que cada alma sea huésped de Jesús Ninguno de ustedes ha de ser excluido pues Dios ha invitado a toda la humanidad

35

2. Enviado por el Señor, yo los llamo;
la invitación es para todos.
¡Venid, todo el mundo! ¡Ven tú
también, pecador!
Todas las cosas ya están listas en
Cristo.

3. Venid, todas las almas por el
pecado oprimidas,
Todos los viajeros en busca de
descanso;
Los pobres, los mancos, los cojos
y los ciegos,
Una cordial bienvenida en Cristo
encontrad.

4. Recibid mi mensaje de Dios;
Todos venid a Cristo y vivid.
Dejad que su amor constriña
vuestros corazones,
No le permitáis en vano morir.

5. Este es el momento, ¡no
demoren más!
Este es el día escogido por el Señor.
Acudan a su llamado, en este
mismo instante,
y vivan para Aquél que murió por
todos.

2. No empieces a excusas dar;
¡Ah! No rechaces su gracia.
Dejad los cuidados y placeres
mundanos
y tomad lo que Jesús tiene para
dar.

3. Venid y participad en la fiesta
del evangelio,
sed salvos del pecado, en Jesús
descansad;
Probad la bondad de nuestro Dios,
Comed su carne y bebed su sangre.

4. Miradlo exponer delante de tus ojos;
Contemplad su sacrificio de sangre;
Su amor ofrecido apresúrate a
aceptar,
Y gratuitamente ahora sed salvos
por gracia.

5. Vosotros que creéis su
verdadera historia,
cenarán con él y él con vosotros;
Venid a la fiesta, sed salvos del
pecado,
Porque Jesús espera para hacerlos
entrar.

Los dos himnos que están en el Himnario de la Iglesia Metodista Unida (1989) con la misma primera línea, "Venid, pecadores, a la fiesta del evangelio", son estrofas seleccionadas de un himno de veinticuatro estrofas titulado "La Gran Cena" de Charles Wesley publicado en 1747 y se basa en la parábola de Jesús en Lucas 14. Los Wesley no tomaron a la ligera el mandato de Jesús: inviten a "los pobres, los mutilados, los cojos, los ciegos", a su banquete, "y serán bendecidos, porque no te pueden pagar "(14: 13,14). Quizás esta es una de las razones por las cuales entendieron el servicio de la Santa Comunión como una cena evangélica:

Su amor ofrecido apresúrate a aceptar,
Y gratuitamente ahora sed salvos por gracia.

Fue una comida a la que todos están invitados; todos pueden participar del pan de vida ofrecido a todos. Los sedientos pueden venir y beber de la corriente que da vida. Nadie debe quedarse atrás, porque Dios ha invitado a todos a venir y comer a la mesa de la salvación.

No es sorprendente que Charles Wesley respondiera como lo hizo a la parábola de Jesús de "La Gran Cena" de nuestro Señor. A menudo, él había experimentado la exclusividad practicada por la Iglesia de Inglaterra en esta comida, como lo deja claro una entrada en su Diario el 20 de julio de 1740.

Al ser nuestros pobres mineros rechazados de la mesa del Señor, por la mayoría de los Ministros de Bristol, los exhorté, no obstante, a continuar todos los días en el templo en un mismo sentir; donde el administrador más perverso no puede estropear las oraciones, ni envenenar el sacramento. Estos pobres pecadores tienen oídos para oír.[2]

Una semana después, el 27 de julio, experimentó la exclusión del sacramento.

Escuché un miserable sermón en la iglesia del Templo, recomendando la religión como la forma más probable de recaudar una fortuna. Después de esto, se hizo la proclamación de que "todos los que no eran de la parroquia se marcharan". Mientras el pastor ahuyentaba a los corderos, me quedé, sin sospechar nada, hasta que el Secretario vino a mí y me dijo: "El Sr. Beacher le pide que se vaya, porque él no le dará el sacramento". Fui a la puerta de la sacristía y le pedí al Sr. Beacher que me admitiera. Preguntó: "¿Eres de esta parroquia?" Respondí: "Señor, usted puede ver que soy un clérigo". Dejando caer su primera pretensión, me acusó de rebelión al exponer las Escrituras sin autoridad; y dijo en palabras expresas: "Te expulso del Sacramento". Respondí: "Le solicito que responda eso ante Jesucristo en el día del juicio". Esto lo enfureció por encima de todo. Él gritó: "¡retiren a este hombre!" Se ordenó a los agentes de policía que asistieran, supongo no fuera que los furiosos mineros tomaran el sacramento por la fuerza: pero les ahorré la molestia de llevarse a este hombre y me retiré silenciosamente.[3]

Charles Wesley comprendió personalmente que la Iglesia de Inglaterra había excluido de la mesa del

Señor a los que Él había invitado. Además, comprendió lo que significaba ser rechazado de la mesa del Señor precisamente por su ministerio con los pobres y los marginados de las masas de Inglaterra del siglo XVIII. Los oficiales locales de la ley iban a ser reclutados para retirarlo de la iglesia en el momento de la Santa Comunión y por temor a que los mineros de carbón, a quienes había estado ministrando, vinieran y tomaran la Santa Cena por la fuerza.

Los Wesley sabían, sin embargo, que no podías leer los evangelios y afirmar que hay personas non grata que no son bienvenidas en la mesa del Señor. Esta es una categoría creada por los seres humanos y a menudo propagada por la iglesia.

Charles Wesley expresó la preocupación de Jesús por los pobres, por ejemplo, en un himno que no había aparecido en ningún libro de himnos hasta 1993. Resume la preocupación de que no se puede permitir la exclusión de los pobres de la vida del cuerpo de Cristo, la iglesia. Especialmente de su comida más importante.

> Trabajen para ayudar
> Al pobre en su necesidad
> De abrigo, afecto y pan;
> Y la Palabra del Señor
> Se cumplirá, sí, con amor
> la vida entera dan.[4]

La invitación a la salvación y a "La Gran Cena" hecha para todos son la misma de acuerdo con Wesley:

Venid a la fiesta, sed salvos del pecado,
Porque Jesús espera para hacerlos entrar.

El hecho de que todos sean bienvenidos a esta fiesta subraya que es una fiesta de amor.

Dejad que su amor constriña vuestros corazones,
No le permitáis en vano morir.

. . .

Su amor ofrecido apresúrate a aceptar,
Y gratuitamente ahora sed salvos por gracia.

Las cuatro líneas finales del himno original de veinticuatro estrofas de Charles, expresan la urgencia de responder a la invitación de Cristo: al amor salvador de Dios y a la fiesta de ese amor: La Cena del Señor o la Santa Comunión.

Este es el momento, ¡no demoren más!
Este es el día escogido por el Señor.
Acudan a su llamado, en este mismo instante,
Y vivan para Aquél que murió por todos.

NOTAS

[1] *Hymns for those that seek and those that have Redemption in the blood of Jesus Christ* [Himnos para los que bnuscan y tienen redención en la sangre de Jesucristo] (1744), No. 50. Charles Wesley (1747). Himno 339: estrofas 1, 2, 5 con traducción poética de Charles Yrigoyen Jr.; estrofas 3-4 con tra-

ducción literal de Oscar Aguilar M. Himno 616: estrofa 1 con traducción poética de Yrigoyen; estrofas 2-5 con traducción literal por Aguilar.

[2] *Diary*, 1:245.

[3] Ibid., 1:246.

[4] Inédito. *Unpublished Poetry*, 2:403-404; originalmente de MS Acts, p. 421. Trans. Federico J. Pagura (1997) de *A Song for the Poor*, p. 28: "Your duty let the apostle show"; ["En Tu nombre realizaré mi deber," *Obras de Wesley*, 9:294-295.]

8. "Cristo, cuya gloria y luz"[1]

¿Cómo puedo saber cómo vivir cada día?

1. Cristo, cuya gloria y luz
llena el cielo de esplendor,
de justicia eterno Sol,
de la noche vencedor:

ven el día a iluminar,

ven las almas a alumbrar

1.* Cristo, cuya gloria llena
los cielos,
Cristo, la verdadera y única
luz,
Sol de justicia, levantaos,
triunfad sobre las sombras
de la noche;
Aurora de lo alto, estad
cerca:
Lucero de la mañana, en
mi corazón mostraos.

2. La mañana triste es
si a mi lado tú no estás:
si no puedo alegre ver,
con el alba tu bondad.
Dame pues, luz interior,
ven y enciende el corazón.

3. Ven, las sombras a alejar
del pecado y del dolor;
vence mi incredulidad,
lléname de tu fulgor.
Tu presencia deja ver,
hasta el pleno Amanecer.

Esta es una de las oraciones más elocuentes para la iluminación personal que se encuentra en la himnología en inglés. Cuando Wesley lo publicó por primera vez en 1740, le dio el título de "Himno de la mañana". En el contexto de la oscuridad de la noche que acaba de pasar, usa la metáfora de la "luz" para estimular la visión interna de los seres humanos para que puedan para ver el camino que deben seguir durante el día que tienen por delante y todos los días.

Wesley abre la oración (estrofa 1) con cuatro atribuciones para Dios: Luz, Sol de justicia, Aurora y Lucero de la mañana. Recurre una vez más a la Sagrada Escritura y al Libro de Oración Común para encontrar el lenguaje para Dios en oración.

Luz: de la Palabra de Dios encarnada, Juan 1 declara: "aquella luz verdadera que alumbra a todo hombre, venía a este mundo" (1:9). Y 1 Juan 1:5 dice: "Dios es luz y no hay tinieblas en él".

Sol de justicia: al expresar la esperanza del Mesías, el profeta Malaquías habla del "Sol de justicia" que "en sus alas traerá salvación" (4:2).

Aurora. Wesley regresa al Nuevo Testamento, es decir, a Lucas 1:78–79, para la adscripción de "Aurora". Cada vez que leía el Oficio Diario de la Oración Matutina decía o cantaba las palabras "aurora de lo alto" en el Benedictus (Lucas 1:68–79), que sigue a la segunda lección de las Escrituras:

Por la entrañable misericordia de nuestro Dios,
Nos visitará la aurora que nace de lo alto,
Para iluminar a los que viven en tinieblas
Y en sombra de muerte,
Para guiar nuestros pasos por el camino de la paz.

Lucero de la mañana: 2 Pedro 1:19 (VRV) le brinda a Wesley la cuarta adscripción divina, "Lucero de la mañana", que también está relacionada con la esperanza profética: "Tenemos también la palabra profética más segura, a la cual hacéis bien en estar atentos como a una antorcha que alumbra en lugar oscuro, hasta que el día esclarezca y el lucero de la mañana salga en vuestros corazones".

La súplica de Wesley en esta parte de la oración es cuádruple y expresada en cuatro verbos: levantaos, triunfad, estad cerca, mostraos.** La confianza de que Dios, la Luz de toda Luz, surgirá como el sol para borrar la oscuridad en nuestras vidas y para iluminar nuestra visión interior, es resumida de manera elocuente por Charles Wesley en cuatro líneas de su conocido himno navideño, "Oíd un son en alta esfera":

¡Salve, el Príncipe de Paz nacido del cielo!
¡Salve, el Sol de Justicia!
Luz y vida a todos traes,
Resucitado con salvación en sus alas.***

En la primera estrofa de la oración, Wesley ora por el poder de Dios para conquistar las fuerzas de la oscuridad en su vida y para iluminar su corazón. La estrofa 2 considera en oración el día que nos ocupa. Aquí hay una reflexión vital para el comienzo y el transcurso de cada día: a menos que la luz de Dios me acompañe durante todo el día, será oscuro y sin alegría. Si cuando llego al final del día y no puedo verlo lleno de la luz de la misericordia y la compasión, será sin gozo. Sin embargo, mi búsqueda no es simplemente una búsqueda de la misericordia de Dios en algún lugar a lo largo del día. Los "rayos de misericordia" deben impartir luz interior a mis propios ojos y corazón. Por lo tanto, me convierto en una fuente de misericordia y compasión a través de la cual esta misma luz se dirige a los demás. Si no es así, el día al final es sin alegría.

Al darme cuenta de que Dios puede impartir la luz para vencer las tinieblas de la vida e iluminar mi visión interior para que sea un instrumento de misericordia, oro fervientemente con la estrofa 3 de Wesley, buscando la visitación de mi alma con la Refulgencia divina. Penetra todo el pecado y la pena en mi vida y vence "toda mi incredulidad". Comienzo mi día con estas palabras en mis labios: "tu presencia deja ver". En otras palabras, a lo largo del día quiero que la luz de Dios se muestre cada vez más en mi. A medida que hago mi peregrinación hacia la plenitud de la perfección, solo la luz divina puede iluminar mi camino y aclarar mi dirección.

Wesley nos ha dado la oración adecuada para el comienzo de cada día y un patrón para nuestras propias oraciones al comienzo de cada nuevo día: invocar el poder y la luz de Dios, reflexionar sobre el día que tenemos ante nosotros y cómo podemos ser instrumentos de iluminación de la misericordia para otros, y orar para que Dios imparta tanta luz a nuestros caminos diarios y a nuestros corazones para que el pecado, el dolor y la incredulidad desaparezcan y nos convirtamos en fuentes de la luz de Dios para los demás. Así es como podemos saber cómo vivir cada día.

NOTAS

[1] Himnos y Poemas sagrados (1740), 24-5. Carlos Wesley (1740). Trad. de Federico J. Pagura (1997).

* Nota del traductor (NT): Aquí agregamos la traducción literal de la estrofa 1 con el propósito de citar las atribuciones que Wesley da a Dios en el himno en inglés, y que, por efectos poéticos de la traducción que hizo Federico Pagura, no aparecen en el himno en español, con la excepción de "luz".

** Nota del traductor (NT): Aquí agregamos la traducción literal de la estrofa 1 con el propósito de citar las atribuciones que Wesley da a Dios en el himno en inglés, y que, por efectos poéticos de la traducción que hizo Federico Pagura, no aparecen en el himno en español, con la excepción de "luz".

*** NT: Traducción literal de la estrofa 3

9. "En tu nombre realizaré mi deber"

¿Cómo abordar mi obra?

1. Voy, en tu nombre, mi Señor,
a realizar hoy mi deber;
en pensamiento o en acción,
sólo a ti quiero obedecer.

2. Lo que me quieras señalar
en tu divina voluntad,
gozoso quiero contemplar,
confiado siempre en tu bondad.

3. Tu yugo ayúdame a llevar,
velando siempre en oración;
y contemplando sin cesar
la gloria de tu salvación.

3. Te he puesto a mi derecha,
cuyos ojos ven mis entrañas,
y laborar bajo tus órdenes,
Y ofrecerte todas mis obras.*

4. Los dones quiero siempre usar,
que de tu mano recibí,
y hasta la muerte caminar
en tu servicio, junto a ti.

Carlos Wesley estaba profundamente preocupado por el hecho de que las actitudes con las que abordamos los esfuerzos de cada día, reflejan nuestra postura y carácter cristianos. Por lo tanto, escribió himnos y poemas para numerosas ocasiones de experiencia diaria: "Himnos para los que son llamados a ganar su pan", "Para el viajero", "A la hora de despertarse", "A la hora de la jubilación", "Oración por lluvia", "En tentación", etc.

"En tu nombre" se publicó en 1749 con el título "Antes del trabajo". Aquí Charles revela la actitud cristiana hacia el trabajo, que era extremadamente importante para los Wesley. Vivían en la Inglaterra del siglo XVIII, donde las condiciones de trabajo eran terribles entre las masas. No había leyes laborales para menores, ni regulaciones para prevenir las horas de trabajo extendidas en la oscuridad húmeda de las minas de carbón o en los altos hornos asfixiantes de Newcastle. Los Wesley conocían de primera mano las despreciables condiciones de vida en los hospicios de Londres y otras ciudades. Los Wesley se acercaron a la fuerza laboral oprimida buscando remodelar las actitudes hacia el trabajo, que no podrían haber sido saludables en condiciones adversas.

Establecieron clases de lectura para analfabetos, escuelas para los hijos de los mineros de carbón, orfanatos para niños sin hogar e incluso cooperativas de crédito para empréstitos y préstamos para mejorar las oportunidades de empleo y el sustento personal y familiar.

En este contexto, Carlos Wesley escribió en el espíritu del apóstol Pablo (que todo lo que hagamos debe hacerse para la gloria de Dios):

Voy, en tu nombre, mi Señor,
a realizar hoy mi deber;
en pensamiento o en acción,
sólo a ti quiero obedecer.

Solo a ti, Dios, queremos obedecer en nuestro trabajo y en todo lo que pensamos, hablamos y hacemos. Aquí está la resolución constante de los cristianos en el trabajo, que subyace en todo lo que hacen: obedecer a Dios.

Las estrofas 2 y 4 nos cuentan cómo se configuran las actitudes de los cristianos hacia el trabajo. Los cristianos reconocen que el trabajo les ha sido asignado por una Sabiduría que trasciende la sabiduría humana. Por lo tanto, se acercan a sus tareas con alegría, deleite y con gozo.

Uno no debe concebir este himno en un contexto abstracto o próspero en el que las personas puedan darse el lujo de reflexionar largamente sobre sus actitudes hacia muchas cosas en la vida. Uno debe pensar en términos del trabajador diario, cuyo trabajo puede tener poca flexibilidad o tiempo para reflexionar, y darse cuenta de que Wesley está diciendo que en "todas mis obras" puedo encontrar la presencia de Dios. En lo que hago, puedo descubrir la buena y perfecta voluntad de Dios.

En la estrofa 3, Wesley entiende que Dios está presente en el lugar de trabajo "a mi derecha". Dios es mi compañero en el trabajo y, mientras trabajo, lo que hago se convierte en una ofrenda, no solo para la administración del trabajo, sino para Dios.

Cuando decidimos conocer a Dios en nuestro trabajo y trabajar en la presencia divina con alegría y con deleite, lo que hagamos se caracterizará incluso por el gozo y un estrecho caminar con Dios. Charles Wesley no dice que nuestros compañeros de trabajo experimentarán gozo ocasional en nosotros, sino incluso gozo. Es decir, ¡nuestro gozo será constante!

Aquí hay un himno para cantar y reflexionar antes de comenzar las tareas de cada día. Puede redirigir y reformular las malas actitudes hacia el trabajo y fortalecer las saludables. Sobre todo, nos ayudará a trabajar en todas partes y en todo momento con otros en la presencia de Dios, incluso si no lo saben.

Sin tales actitudes hacia el trabajo, existen graves peligros, que los esperan a todos mientras desempeñan sus diversas vocaciones.

Mientras que su vocación aquí siguen,
Sin tener en cuenta la eternidad,
¡Cuántos hacia la destrucción corren
Por dejar cosas lícitas sin hacer!

Se hacen a sí mismos, no a Dios, su fin,
a sí mismos, no a Dios, sirven,
no solo no buscan la voluntad de Dios,
sino que viven para satisfacer su propia voluntad.

Serán ricos, sea como sea,

y de la voz de advertencia de la Sabiduría se burlan,
Su esperanza, por trabajos que nunca cesan,
revienta con lujosa facilidad.[1]

En otro poema, sin embargo, Charles Wesley ha resumido el gozo evocado por la actitud hacia el trabajo que describió en "En tu nombre realizaré mi deber".

Nadie en la tierra puede concebir
cuán felices vivimos,
quienes seguimos nuestro trabajo
y hacemos para el Señor todo lo que hacemos.[2]

NOTAS

* Nota del traductor: esta es la traducción literal de la estrofa 3.
[1] MS Misc. Himnos, pp. 278-279; *The Unpublished Poetry of Charles Wesley [La poesía inédita de Carlos Wesley]* (1990) 2: 292.
[2] MS Misc. Himnos, pp. 274; *The Unpublished Poetry of Charles Wesley [La poesía inédita de Carlos Wesley]* (1990) 2: 289.

10. "Oíd un son en alta esfera"[1]

¿Puede haber paz en la tierra?

1. Oíd un son en alta esfera
"¡En los cielos gloria a Dios,
y al mortal paz en la tierra!"
canta la celeste voz.
Con los cielos alabemos,
al eterno Rey cantemos,
a Jesús que es nuestro bien,
con el coro de Belén.
Canta la celeste voz:
"¡En los cielos gloria a Dios!"

2. El Señor de los señores,
el Ungido celestial,
por salvar a pecadores
tomó forma corporal.
¡Gloria al Verbo encarnado,
en humanidad velado!
¡Gloria a nuestro Redentor,
a Jesús, Rey y Señor!
Canta la celeste voz:
"¡En los cielos gloria a Dios!"

3. Príncipe de paz eterna,
gloria a ti, Señor Jesús:
con tu vida y con tu muerte
nos ofreces vida y luz.
Has tu majestad dejado,

y buscarnos te has dignado:
para darnos el vivir,
en la cruz fuiste a morir.
Canta la celeste voz:
"¡En los cielos gloria a Dios!"

Sin lugar a dudas, este himno es uno de los más conocidos y queridos de Charles Wesley en todo el mundo. Tradicionalmente se canta con una melodía del compositor alemán Félix Mendelssohn-Bartholdy. ¡Qué apropiado, ya que una rama de la cristiandad de habla alemana, a saber, los moravos, tuvo una influencia tan profunda en el crecimiento espiritual interior de los Wesley! Esta conexión internacional es más que adecuada para un himno, que es un clamor por la paz en todo el mundo y es uno de los legados más grandes de Charles Wesley para la gente en todo el mundo. "Oíd un son en alta esfera" es, en el sentido más verdadero, el canto que los hermanos Wesley cantaron a lo largo de sus vidas y su ministerio.

La Inglaterra del siglo dieciocho fue una época de inestabilidad, guerra e injusticia. Este poema nació de las crisis, los conflictos, la violencia y la opresión del día, y sigue siendo oportuno. Nunca será obsoleto mientras no haya paz en la tierra.

Cuando las naciones se enfurecen con odio y guerra y las personas inocentes son asesinadas sin causa alguna; cuando los seres humanos se aterrorizan entre sí en cuerpo y espíritu, y el clamor de las calles no es más que un grito masivo de desesperación y gemidos de hambre; cuando parece que no hay razón para que nazca un niño para soportar las insensibilidades de la vida; cuando parece que todo está perdido y no hay esperanza; todavía hay un canto para ser entonado, un canto que une la música en cada alma.[2]

Oíd un son en alta esfera
"¡En los cielos gloria a Dios,
y al mortal paz en la tierra!"
canta la celeste voz.

¡La estrofa 3 es un Manifiesto de Paz para todos los tiempos y edades! Sin embargo, el mundo no se ha atrevido a creer que el reino de Aquel que trae la paz ha llegado. Charles Wesley comprendió que el mundo de Dios estaba hecho para la paz y la armonía, no para la violencia y la discordia. ¡El portador de la paz y el portador de la justicia son uno y el mismo! ¿Qué pasaría si nuestro mundo realmente creyera que lo que Dios desea para todos es "vida y luz ", no muerte y oscuridad? Supongamos que las naciones y los pueblos del mundo dejaran de lado su gloria y se volvieran "apacibles" como Aquel que viene trayendo la paz. Imagina un mundo que se da cuenta de que ya no es necesario que haya más muerte, destrucción y agonía, porque el que trae la paz, a saber, Cristo, "nació para que no muramos más". No hay lugar para la enemistad, la guerra, la violencia, enojo, porque el "Príncipe de la Paz" ha venido para traer vida y luz a todos. Dios espera nuestro segundo nacimiento y transformación en pacificadores y reconciliadores de esta tierra llenos de "misericordia apacible" hacia todos. ¡Dios apresure ese día!

¡Que no descansemos hasta que el reino de paz de Dios cubra la tierra y nuestras vidas revelen la humilde realidad de este deseo divino! Por lo tanto, oremos diariamente dos líneas de una estrofa de este himno no incluida en muchos himnarios:

Ven, deseo de las naciones, ven,
establece en nosotros tu humilde hogar.

¡Haznos, oh Dios, personificaciones de tu reino
de paz!

NOTAS

[1] *Hymns and Sacred Poems* (1739), 206-8. Arr. George White-field (1714-1770). Traducción: F. Fliedner (revisada)
[2] S T Kimbrough, Jr., *Sweet Singer* [Dulce cantor], un drama musical sobre Carlos Wesley, derecho intelectual reservado por el autor (1985), 25. Usado con permiso.

11. "Jesús, dulce refugio de mi alma"[1]

¿Qué es lo que realmente queremos?

1. Jesús, dulce refugio de mi alma,
permite que me anide yo en tu seno,
mientras las aguas hacia aquí se acercan
y aún brama la tormenta desde lejos.

2. ¡Oh Salvador! ampárame entre tanto
que el turbión de esta vida pasa hirviendo,
y recibe por fin mi alma afligida,
abriéndole tu bien seguro puerto.

3. No alcanzo otro refugio a mis peligros
y esta alma desvalida a ti la entrego;
¡Oh dulce Salvador! no me abandones,
apóyame y confórtame en mi anhelo.

4. Toda mi confianza en ti reposa,
solo en ti apoyo en mi flaqueza encuentro;
mi indefensa cabeza ampare y cubra
de tus brillantes alas el reflejo.

5. Tú, Cristo, eres la fuente de la vida;
beba yo en ella hasta apagar mi incendio;
luego en mi corazón brote abundante
y por siglos sin fin siga corriendo.

El distinguido predicador Henry Ward Beecher dijo una vez: "Preferiría haber escrito 'Jesús, dulce refugio de mi alma' que tener la fama de todos los reyes que hayan existido".

Al igual que muchos de los poemas de Charles Wesley, "Jesús, dulce refugio de mi alma" adquiere un nuevo significado cuando se lo entiende en el contexto de su propia experiencia y el tiempo en el que vivió. Si bien no sabemos la fecha específica de su composición, sí sabemos que se publicó en 1740 en un momento de gran conflicto en Inglaterra y dentro de la Iglesia de Inglaterra. Las imágenes de este poema surgen de las crisis del período. Los hermanos Wesley, John y Charles, a menudo fueron golpeados, apedreados y expulsados de la ciudad, y los metodistas a menudo fueron sometidos a la violencia de masas.

En virtud de su afiliación con la Universidad de Oxford, asumieron un ministerio itinerante y viajaron de ciudad en ciudad, de aldea en aldea y de parroquia en parroquia, lo que provocó la ira de muchos clérigos y laicos. Frente a la oposición violenta, Charles en verdad esperaba un momento en el que el amparo del Señor estuviera con él mientras "aún brama la tormenta desde lejos". A menudo, en medio de una muchedumbre desenfrenada, sabía que "no alcanzo otro refugio a mis peligros" y que tenía una "indefensa cabeza", a menos que Dios pudiera cubrirlo.

Una estrofa que no aparece en muchos himnarios plantea dos preguntas agonizantes, que a menudo forman parte de las letras más significativas de Wesley.

¿No atenderás mi llamado?
¿No aceptarás mi oración?

Charles Wesley entendió la angustia del rechazo. A menudo lo llamaban papista, jesuita, disidente, presbiteriano y, en una ocasión, fue acusado falsamente de traición, una acusación rechazada por un juez ante quien Wesley se defendió con elocuencia. La agonía de sus pensamientos acerca de si Dios lo rechazaría, de la misma manera que los seres humanos lo habían hecho, fue superada solo por la confianza en su súplica:

¡Extiende tu misericordiosa mano hacia mí!
Mientras que de tu fortaleza recibo,
contra toda esperanza, permanezco,
muriendo y he aquí que vivo.

El sustento de la gracia de Dios fue la fuente de fortaleza de Wesley. En este poema, él nos ayuda a ver que nada más que la entrega total a Cristo nos permite beber de esa fuente. He aquí la manera:

Toda mi confianza en ti reposa
solo en ti apoyo en mi flaqueza encuentro.

Podemos confiar en los demás, nuestras familias, naciones, gobiernos, estilos de vida, leyes, riqueza, profesiones, vocaciones. Sin embargo, es solo Dios quien nos sostendrá en la adversidad, la tentación, el peligro y la muerte.

Tú, Cristo, eres la fuente de la vida.

A menudo preferimos centrar nuestras preocupaciones no en el Dador y Sustentador de la vida, sino en los demás porque somos débiles, irresponsables, apáticos o rencorosos. Solo cuando ponemos nuestras preocupaciones en Dios, descubrimos a Aquel que hace que la carga sea soportable. Wesley configura el enfoque adecuado para nuestras vidas de esta manera:

Tú, oh Cristo, eres todo lo que quiero.

Saber lo que queremos es de primordial importancia cada día que vivimos. Quizás el origen de mucha infelicidad, mucha paranoia y muchas neurosis es que las personas no tienen idea de lo que quieren. Wesley se centró en una necesidad singular: Cristo. Ahí está la clave. La pregunta se convierte no en "¿Qué queremos?", sino en "¿A quién queremos?". Una vez que solo queremos a Cristo, comenzamos a descubrir qué queremos hacer en y con nuestras vidas.

NOTA

[1] *Hymns and Sacred Poems,* Charles Wesley (1740). Trad. de José de Mora, métrica distinta al texto inglés. [Otra versión del mismo himno: «Cariñoso Salvador».]

12. "Envuelto en nubes de esplendor"[1]

Apocalipsis 1:7: ¡Miren! ¡Ya viene en las nubes!
Y todos lo verán, aún los que lo traspasaron;
Y todas las naciones de la tierra
harán lamentación por él. Sí, amén.

¿Por qué nació Jesús?

1. Envuelto en nubes de esplendor,
   que impiden su visión,
   ¿al Insondable quién verá?
   ¿Vendrá a nosotros, Dios?

2. ¿Su trono acaso dejará
   para servir aquí?
   ¡Responde, oh Hombre de dolor,
   tu voz déjame oír!

3. Explica en manifiesto amor
   el prodigioso plan;
   del Hijo de Hombre, la pasión,
   su sangre al ofrendar.

4. ¿Acaso no viniste aquí
   en carne, hasta morir,
   para que como Redentor
   te pueda hoy percibir?

5. Ven, pues, a mi alma,
a revelar tu gracia singular;
tu herida me dio salud
y tu sufriente faz.

1.* He aquí, él viene en las nubes descendiendo,
inmolado una vez por los pecadores favorecidos;
Mil, mil santos que asisten,
Engrosan el triunfo de su procesión.
¡Aleluya!
Dios aparece en la tierra para reinar.

2. Ahora todo ojo lo contemplará,
ataviado en terrible majestad,
los que lo menospreciaron y lo vendieron,
lo traspasaron y clavaron al madero,
lamentándose profundamente,
verán al verdadero Mesías.

3. Las preciadas muestras de su pasión
aun su deslumbrante cuerpo lleva;
causa de infinita exultación
a sus devotos rescatados;
¡Con qué éxtasis,
miramos esas gloriosas cicatrices!

4. Sí, ¡amén! Que todos te adoren,
alto en tu trono eterno;
Salvador, toma el poder y la gloria,
reclama el reino para ti.
¡Aleluya!
¡Dios eterno, desciende!

Este himno, que anticipa la venida de Cristo en gloria, como se describe en el Apocalipsis de Juan (1:7), a menudo se canta durante la temporada de Adviento, pero expresa la esperanza del cristiano en cualquier época del año. Cada día se llena con la expectativa de la venida de Cristo. Wesley nos dice por qué en este himno al que le dio el título "Venga tu reino".

Los pecadores son transformados en santos (estrofa 1).

Mil, mil santos que asisten
Engrosan el triunfo de su procesión.

A Aquel que fue inmolado por los pecadores le claman: "¡Aleluya!" Esta es una imagen muy diferente de la pequeña banda de pastores adoradores cerca de Belén y los hombres sabios que siguieron a la estrella. Aún cuando los ángeles resonaron, "Gloria a Dios en las alturas", miles de santos no saludaron el nacimiento de Cristo. Mientras los cristianos continúan orando con la iglesia primitiva, "Ven, Señor Jesús", lo hacen con la confianza de que Dios transforma una pequeña banda de adoradores en Belén en miles y miles en todo el mundo que resuenan "¡Aleluya!", ante la venida de Cristo en gloria. ¡La historia y las personas cambian! Los pecadores ahora se han convertido en santos a través de la vida redentora, ministerio, muerte y resurrección de Jesucristo.

La visión humana estrecha se transforma en la visión universal de Dios (estrofa 2). La exclusividad humana se convierte en la inclusión de Dios. Todos "verán al verdadero Mesías". No son unos pocos elegidos quienes tendrán esta visión. "Ahora todo ojo lo contemplará", incluso Judas, que lo vendió por treinta piezas de plata, y los soldados que le perforaron el costado con una lanza y lo clavaron a través de sus manos y pies en el Calvario, verán quién es realmente Cristo: el Mesías. La visión más iluminadora de Dios en cuanto a la vida, será vista por aquellos con la visión más pobre.

El sufrimiento se transforma en exultación (estrofa 3). El calvario, el símbolo del dolor, la agonía y la muerte, causa júbilo a todos los que adoran a Cristo, porque han experimentado la redención y la liberación de sus pecados. Al mirar ". . . esas gloriosas cicatrices ", que se convierten en un símbolo de vida, no de muerte, comienzan a experimentar que Dios transforma el sufrimiento de la vida en gozo.

La debilidad del mundo se transforma en la fortaleza de Dios (estrofa 4). A lo largo de la historia, las naciones, los líderes y los pueblos han procurado reclamar los reinos de la tierra como propios. Los resultados han sido espantosos: codicia, guerra, destrucción, riqueza y pobreza, poderosos y desvalidos, amos y sirvientes, y así continúa. La esperanza del cristiano es que en la venida de Cristo, Dios reclame como propio el reino de la tierra, estableciendo el amor como el poder reinante en todo el mundo. Ese día aún no ha llegado y continuamos orando: "¡Ven, Señor Jesús!

Dios eterno, desciende.
Ven y transforma:

pecadores en santos,
visión estrecha en visión universal,
sufrimiento en gozo,
debilidad en fortaleza.

¡No es sorpresa que a este himno Wesley puso por título "Venga tu reino", porque es en la venida del reino de Dios por medio de Cristo que estas cosas suceden!

NOTAS

[1] *Hymns of Intercession for all mankind* [Himnos de intercesión para toda la humanidad] *(1758), No. 39, 32-3.* Trad. Federico J. Pagura (1997).
* NT: Esta es una traducción literal del himno en inglés

13. "Solo excelso, amor divino"[1]

¿Cómo crece el amor por los demás?

1. Sólo excelso, amor divino,
   gozo, ven del cielo a nos;
   fija en nos tu hogar humilde,
   de fe danos rico don.
   Cristo, tú eres compasivo,
   puro y abundante amor;
   con tu salvación visita
   al contrito corazón.

2. Que tu Espíritu se mueva
   en el corazón dolido:
   la paz que hemos recibido
   con segunda paz renueva:
   haznos libres de pecado,
   Alfa tú de nuestra fe,
   y también la Omega sé
   de un vivir emancipado.

3. Que tu Espíritu aliente
   todo pecho en su penar;
   que en ti seamos ingeridos,
   pudiendo el descanso hallar.
   Ven, ¡oh Altísimo! a librarnos;
   haznos tu valor tomar;
   tu venida apresta, y nunca
   tu mansión dejemos más.

4. Cumple ahora tu promesa,
danos purificación;
en ti bien asegurados,
veamos plena salvación.
llévanos de gloria en gloria
a la celestial mansión,
y ante ti allí postrados
te rindamos devoción.

Poco antes de casarse en febrero de 1749, Charles Wesley le escribió a su futura esposa, Sarah Gwynne:

A menudo me has escuchado decir a simple vista: "Mi alma parecía complacida por conocerte". Y nunca he encontrado una cercanía tan grande a ninguna otra criatura como a ti. ¡Oh, que seamos acercados más y más a Dios, hasta que ambos seamos tragados en la inmensidad de su amor![2]

Por encima de todo, Wesley quería ser "tragado" en el amor de Dios, porque todos los amores comienzan, terminan y se cumplen en ese amor. Con esta confianza, escribió una de las oraciones más significativas y elocuentes para una vida llena de amor que se haya escrito: "Solo excelso, amor divino".

Si queremos crecer en amor, este himno de oración debe ser nuestra guía diaria. Nos da orientación sobre cómo debemos orar y crecer en el amor de Dios.

Reconoce a Dios como la fuente de amor irrestricto e ilimitado (estrofa 1). Ore para ser la morada del amor de Dios; Ore también por la morada de Cristo.

Ore en plural, no solo en singular (estrofa 2). Oremos para que el Espíritu Santo entre en la vida de los demás para que cada persona turbada sea puesta en libertad. A través del poder del Espíritu Santo, podemos ser liberados del deseo de hacer lo que está mal y liberarnos para amar.

Ore por la recepción de la gracia de Dios (estrofa 3), que nos permite vivir el amor abnegado expresado en Jesucristo. Cuando recibimos la gracia de Dios, reconocemos que Dios hace por nosotros lo que no podemos hacer por nosotros mismos: Dios reclama nuestras vidas pecaminosas y las hace nuevas a través de Cristo. Cuando vivimos vidas renovadas, comenzamos a aprender lo que significa madurar en el amor. El amor tiene prioridad sobre todo en nuestras vidas. No hay campo para la transigencia.

Ore para que sea creado nuevo (estrofa 4) y continúe en el proceso creativo hacia la madurez en el amor. Wesley entendió que terminar la nueva creación significa un crecimiento espiritual de por vida. El proceso en curso está definido por el tiempo entre lo que ha sido y lo que será, entre el ya y todavía no. Wesley anticipa el momento en que nos encontraremos con Dios en gloria y seremos criaturas nuevas y maduras en el amor perfecto de Dios. Sin embargo, no tenemos que esperar por una "recompensa celestial" para madurar en el amor. En Cristo somos nuevas creaciones ahora. La gran salvación perfectamente restaurada en el cielo es el cumplimiento de la salvación que recibimos en la tierra.

Como seguidores de Cristo que quieren crecer en el amor, lo importante es el proceso creativo continuo dentro de nosotros. No hay nadie que no necesite crecer en el amor. Si usamos las pautas de este himno para nuestra vida de oración, viviremos vidas que le rinden devoción.

NOTAS

[1] *Hymns for those that seek and those that have Redemption in the blood of Jesus Christ* [Himnos para los que buscan y tienen redención en la sangre de Jesucristo] (1747), No. 9, 11-12. Traducción de Elida G. Falcón (1879-1968).

[2] Frank Baker, *Charles Wesley as Revealed by His Letters* [Charles Wesley como es revelado por sus cartas], 55.

14. ¡Oh Creador, en quien vivimos!¹

¿Cómo es la vida modelada según la Santísima Trinidad?

1. ¡Oh Creador, en quien vivimos,
en quien somos y nos movemos:
recibe gloria, poder y alabanza
por tu amor creador!
Que la multitud de ángeles
dé gracias a Dios en las alturas,
mientras la tierra repite el gozoso canto
y lo envía al cielo como un eco.

2. Divinidad encarnada:
que toda la raza rescatada
te rinda su vida en gratitud
por tu gracia redentora.
La gracia se reveló a los pecadores,
proclaman los coros celestiales,
y claman: "¡Salvación a nuestro Dios,
salvación al Cordero!"

3. Espíritu de Santidad: que todos tus santos adoren
tu energía sagrada, y bendigan
tu poder que renueva el corazón.
Las lenguas de los ángeles no pueden relatar
la altura de tu amor ni su éxtasis,
ni el indescriptible gozo glorioso,
ni la visión beatifica.

4. Dios eterno, en tres personas:
que todas las huestes en lo alto
y que todo el mundo aquí en la tierra
canten de tu amor y moren en él.
Cuando los cielos y la tierra desaparezcan
delante de tu glorioso rostro,
que todos los santos canten de tu amor,
y te ofrezcan eterna alabanza.

Charles Wesley escribió muchos himnos sobre el tema de la Santísima Trinidad. De hecho, publicó dos colecciones (1746 y 1767) dedicadas exclusivamente a ese tema. Sin embargo, este himno titulado "Himno a la Trinidad", apareció en un volumen diferente, Himnos para los que buscan y los que tienen Redención en la sangre de Jesucristo (1747). Es una doxología de alabanza a Dios el Creador, el Redentor Encarnado y el Espíritu Santo. Resuena con el lenguaje de las Escrituras de principio a fin.

La estrofa 1 nos recuerda que Dios es aquel en quien "vivimos, y nos movemos, y somos" (Hechos 17:28). Abre con el espíritu y las metáforas de muchos de los Salmos (19, 47, 98, 150). La tierra y el cielo, incluida la multitud de ángeles, están alabando a Dios por su "amor creador". Este es un tema constante de Wesley: el amor crea, recupera y sostiene la vida. La imagen no es, sin embargo, una que presenta a los habitantes de la creación solos alzando sus voces en alabanza a su Hacedor, sino que los ángeles cantan la alabanza de Dios y "repiten el gozoso canto". Toda la creación "lo envía al cielo como un eco". Como el salmista aclama:

Batan palmas los ríos,
A una canten jubilosos los montes
Delante del Señor (Salmo 98:8)

La estrofa 2 extiende la doxología a Dios como la Deidad Encarnada, Dios se hace carne, el Redentor de toda la humanidad. Una vez más, la forma en que Wesley formula la doxología es de vital importancia para lo que significa. Él declara que "la raza / rescatada te rinda su vida en gratitud". Dicha alabanza no es simplemente por el levantamiento de nuestras voces en acción de gracias a Dios, sino nuestras vidas, toda nuestra existencia. Los pecadores aclaman "¡Salvación a nuestro Dios / salvación al Cordero!", no solo con melodía y palabra, sino con su ser: quiénes son y cómo viven. Wesley extrae sus imágenes y lenguaje aquí de las Escrituras, a saber, el Apocalipsis de Juan 7:9–10, donde la multitud de todas las naciones irrumpe en el himno:

La salvación pertenece a nuestro Dios
que está sentado en el trono,
y al Cordero. (7:10, RV60)

La estrofa 3 exalta a la tercera persona de la Trinidad, el Espíritu Santo, a quien Wesley se refiere aquí como el "Espíritu de Santidad". Una vez más, su lenguaje único, elocuente y conmovedor nos ayuda a comprender lo que significa una verdadera doxología de alabanza al Espíritu de Dios. Es reconocer y experimentar el Espíritu de Santidad como "energía sagrada" que encarna el "poder [de Dios] que renueva el corazón". Podemos experimentar esta energía de santidad en nuestras vidas, pero encontraremos nuestras palabras inútiles para describir la altura del amor de Dios, que es "indescriptible gozo".

La estrofa final regresa a la imagen de toda la creación en la estrofa 1: "huestes en lo alto" y "todo el mundo aquí en la tierra" recuerdan y moran en el amor de Dios. ¡Imagina un mundo que realmente "mora en el amor de Dios"! ¡Oh, qué mundo sería! ¡Oh, qué iglesia sería, si simplemente "mora en el amor [de Dios]!" ¡Oh, qué ejemplos seríamos del Salvador formado dentro de nuestras almas, si "moramos en el amor [de Dios]!"

Wesley concluye con la afirmación bíblica de que aunque la tierra y el cielo pasen, el amor creador de Dios permanece. Eso en sí mismo parece un pensamiento incomprensible, pero está sostenido desde el principio de las Escrituras hasta su final.

Qué maravilloso patrón de vida ofrece Wesley en este "Himno a la Trinidad". (1) Ponga la adoración en el centro de la vida. Deja que tu vida resuene con alabanza al Creador, quien da y sostiene la vida. Únete con toda la creación en la alabanza y canto gozoso a Dios. Sin embargo, recuerde que si Dios quiere que los ríos y las colinas se regocijen, los habitantes de la tierra de Dios deben ver que sus vidas no se vuelvan hacia la muerte por la destrucción humana y el mal uso del medio ambiente. (2) Haz de tu vida una doxología. Haz que cada faceta de la existencia sea de alabanza y gratitud a Dios. Esto significa que "todo lo que somos", todo nuestro ser, debe dar gracias a Dios. (3) Confíe en la "energía sagrada" de Dios, el "Espíritu de Santidad", para su fortaleza. Aquí está el poder que sustenta en las necesidades de cada momento. (4) ¡Acuérdate de morar en el amor abnegado de Dios hasta que te conviertas en tal amor!

¡Tal es la vida trinitaria!: ¡Una vida modelada según la Trinidad!

NOTA

[1] *Hymns for those that seek and those that have Redemption in the blood if Jesus Christ* [Himnos para aquellos que buscan y aquellos que tienen Redención en la sangre de Jesucristo] (1747), No. 34. La primera línea original dice: "Padre, en quien vivimos" (1747), No. 34. Trad. literal de Charles Yrigoyen Jr.

15. "Mi corazón alaba a Dios"[1]

Salmo 51:10: Oh Dios, crea en mí un corazón limpio,
y renueva un espíritu recto dentro de mí.

¿Cómo se vuelven puros nuestros corazones?

1. Mi corazón alaba a Dios
pues libertado fui
de los pecados. Él por mí
su sangre derramó.

2. Mi corazón en sumisión
al trono celestial;
Allí la voz del Redentor
Por siempre reinará.

3. Contrito, limpio corazón,
humilde, puro, fiel;
Ven Cristo a morar en él.
Haz tu habitación.

4. Rebosa hoy mi corazón
divino amor sin par,
perfecto, puro, oh Señor,
reflejo sin igual.

5. Regresa pronto, oh Señor,
tu gracia dadme hoy,
Y graba en mi corazón
El nombre del Amor.

Charles Wesley tituló este himno, que originalmente se publicó con ocho estrofas: "Hazme un corazón limpio, oh Dios". Su hermano John lo incluyó en la sección "Para los creyentes que gimen por la redención completa" en Una colección de himnos para el pueblo llamado Metodista (1780). Es una oración en el espíritu de súplica en el Salmo 51 para la creación de un corazón limpio. Sin embargo, sin lugar a dudas, Wesley leyó el salmo y formó la oración desde la perspectiva de un seguidor de Cristo, el que arraiga y fundamenta el corazón en el amor.

Wesley a menudo tomaba una idea central de un pasaje de las Escrituras y desarrollaba su poesía a su alrededor. Curiosamente, este himno está relacionado específicamente con el Salmo 51:10. Sin embargo, es la idea del amor inquebrantable de Dios en el versículo 1, que prevalece en la descripción de Wesley de la búsqueda del corazón limpio o puro.

Ten piedad de mí, oh Dios,
    conforme con tu misericordia [o amor inquebrantable];
conforme con la multitud de tus piedades
    borra mis rebeliones.

Es a través del amor inquebrantable de Dios que se nos conceden corazones puros. Es el amor de Dios el que capacita y sostiene la pureza de corazón. ¡No hay vía hacia la pureza y la santidad sin amor!

La estrofa 1 hace resonar el anhelo del salmista:

Lávame más y más de mi maldad,
   y límpiame de mi pecado (51:2).

Wesley ora "pues libertado fui / de los pecados". Pero va más allá de la afirmación del salmista, "reconozco mis rebeliones, y mi pecado está siempre delante de mí" (Salmo 51:3). Wesley, sin duda, reconoce su pecaminosidad, pero desea una experiencia de liberación del pecado a través de un corazón que sabe que "Él por mí / su sangre derramó". Busca constantemente la experiencia total de santidad, que es intelectual y emocional, la experiencia que une cabeza y corazón. Al igual que la adrenalina de uno puede activar el sistema circulatorio humano de manera que realmente se siente el pulso de la sangre que fluye por las venas, Wesley anhela sentir durante toda su experiencia humana la pulsación de la sangre vivificante de Cristo que fue derramada gratuitamente por él. Es el sacrificio de Cristo lo que atestigua y activa el amor de Dios abnegado, constante y purificador dentro de los seres humanos.

En las estrofas 2-4, Wesley describe la naturaleza y las cualidades del corazón puro por el que ora. Es ante todo un "reflejo" del corazón de Cristo. Es resignado, sumiso, y manso. Es la morada interior de Cristo y aquellos en quienes Cristo mora hacen resonar las palabras de Cristo en lo que dicen. Es "contrito, limpio, humilde, puro y fiel" y es inseparable de Cristo. Se renueva en cada pensamiento y "rebosa" del "divino amor sin par". Es perfecto, correcto, puro y bueno. Solo tales corazones son "reflejo sin igual" del corazón del Señor.

¿Cómo sabemos si tales corazones han sido creados dentro de nosotros? Nunca podemos pretender "tener" tales corazones. Nosotros, como Wesley, solo podemos orar para que se nos conceda. Sin embargo, sabemos que el corazón puro exhibe los atributos descritos por él. ¿De quién es el corazón que "rebosa . . . divino amor sin par", si no el corazón de Cristo? ¿Podemos esperar un corazón así en esta vida? Wesley afirma que el anhelo por el corazón amoroso de Cristo es la senda hacia la santidad y la perfección. Es el camino de la vida del cristiano.

Por lo tanto, Wesley concluye la oración con una petición para imbuirse de la naturaleza de Dios.

> *Regresa pronto, oh Señor,*
> *tu gracia dadme hoy,*
> *Y graba en mi corazón*
> *El nombre del Amor.*

Percibió que el mejor nombre para Dios es "Amor". Ese es el nombre que Wesley deseaba escribir en su corazón. I Juan 4:8 declara que este es el nombre que mejor expresa lo que Dios significa en el centro de la existencia: "¡Dios es amor!"

El profeta Jeremías había hablado siglos antes de la venida del Mesías, del nuevo pacto que Dios haría con la casa de Israel: "Pondré mi ley en su mente, y la escribiré en su corazón" (Jeremías 31:33). Jesús vino proclamando la nueva ley del amor: "que se amen unos a otros. Así como yo los he amado, ámense también ustedes unos a otros. En esto conocerán todos que ustedes son mis discípulos, si se aman unos a los otros" (Juan 13:34-5). Cuando el nombre de Dios "Amor" forme nuestra naturaleza, todo lo que somos en carácter, personalidad y comportamiento, sabremos y otros sabrán que Dios está presente. "Nadie ha visto jamás a Dios. Si nos amamos unos a los otros, Dios permanece en nosotros" (I Juan 4:12), y este es el amor que Wesley conoció y experimentó que Dios puede hacer, y hará perfecto, en nosotros.

NOTA

[1] *Hymns and Sacred Poems* [Himnos y poemas sagrados] (1742), 30-1. Trad. de Oscar Aguilar M.

16. "Mil voces para celebrar"[1] *

¿Es la iglesia realmente para todos?

1. Gloria a Dios, y alabanza y amor
sean siempre, siempre dados,
por los santos abajo y los santos arriba,
la iglesia en la tierra y en el cielo.

2. En este alegre día el glorioso Sol
de justicia se levantó;
en mi benigna alma brilló
y la llenó de reposo.

3. De repente, expiró la disputa legal,
y entonces dejé de afligirme;
mi segunda vida real,
entonces comencé a vivir.

4. Entonces con mi corazón primero creí,
creí con fe divina,
poder del Espíritu Santo recibí
para llamar mío al Salvador.

5. Sentí la sangre expiatoria de mi Señor
ser aplicada cerca de mi alma;
a mí, a mí amó, al Hijo de Dios,
por mí, por mí, ¡murió!

6. Encontré y me apropié de su verdadera promesa,
constatado de mi parte,

supe que mi perdón fue aprobado en el cielo
cuando fue escrito en mi corazón.

7. Mil voces para celebrar
a mi Libertador,
las glorias de su majestad,
los triunfos de su amor.

8. Mi buen Señor, Maestro y Dios,
que pueda divulgar
tu grato nombre y su honor,
en cielo, tierra y mar.

9. El dulce nombre de Jesús
nos libra del temor;
en las tristezas trae luz,
perdón al pecador.

10. Destruye el poder del mal
y brinda libertad;
al más impuro puede dar
pureza y santidad.

11. El habla y al oír su voz
el muerto vivirá;
se alegra el triste corazón,
los pobres hallan paz.

12. Escuchen, sordos, al Señor;
alabe el mudo a Dios;

los cojos salten, vean hoy
los ciegos al Señor.

13. ¡Miradlo, naciones, reconoced
a tu Dios, raza caída!
¡Mirad y sed salvos solo por la fe,
sed justificados por gracia!

14. Mirad todos vuestros pecados sobre Jesús carga-
dos;
el Cordero de Dios que fue inmolado,
su alma fue hecha ofrenda una vez
por cada alma de los hombres.

15. ¡Rameras, publicanos y ladrones,
en santo triunfo se unen!
El pecador que cree salvado es
de crímenes tan grandes como el mío.

16. Asesinos y todo grupo infernal,
hijos de lujuria y orgullo,
creed que el Salvador por ustedes murió,
por mí el Salvador murió.

17. Conmigo, a tu capitán, entonces conocerán,
sentirán sus pecados perdonados;
anticipad tu cielo abajo
y reconoced que el amor es el cielo.

Este himno fue inspirado por la experiencia de conversión de Charles Wesley y quizás por un comentario del cristiano moravo, Peter Boehler, a quien Charles Wesley enseñó inglés en Londres, de que si tuviera mil lenguas, las usaría todas para alabar a Dios. Wesley había escuchado a los cristianos adorar en otras lenguas. Recordó a lo largo de su vida los inspirados himnos alemanes cantados por los moravos a bordo del barco Simmonds en su viaje a América. Había leído el Antiguo Testamento en hebreo y el Nuevo Testamento en griego, y los padres de la iglesia en latín. Él y su hermano John incluso aprendieron a conversar en latín. Con John Fletcher buscó mejorar su conocimiento del francés en escritura, lectura y meditación. Charles Wesley sabía que había muchas lenguas con las que alabar a Dios y no es sorprendente que la inspiración para el himno conocido como "Mil voces para celebrar" quizás provenga de alguien cuya lengua materna no era el inglés, a saber, el alemán, y que fue extremadamente influyente en la búsqueda de la auténtica fe de Charles Wesley. El himno conocido por la línea "Mil voces para celebrar" consiste generalmente en las estrofas siete a doce de un himno mayor de dieciocho estrofas, que Wesley tituló "Para el aniversario de la propia conversión".

Las primeras seis estrofas, que generalmente no están incluidas, cuentan la historia de la poderosa experiencia de transformación de la vida de Wesley en mayo de 1738. Es la experiencia liberadora de su conversión, lo que hace que irrumpa en la doxología a

Dios. El día de su conversión, explica, su alma oscura se llenó de la luz y la paz de Dios. Fue liberado del legalismo y el dolor, y dice: "¡Comencé a vivir!". Supo que Dios había derramado personalmente amor divino a favor suyo:

> Sentí la sangre expiatoria de mi Señor
> ser aplicada cerca de mi alma;
> a mí, a mí me amó, al Hijo de Dios,
> por mí, por mí, ¡murió!

Wesley testifica adicionalmente:

> Encontré y me apropié de su verdadera promesa,
> constatado de mi parte,
> supe que mi perdón fue aprobado en el cielo
> cuando fue escrito en mi corazón.

Es después de esta poderosa confesión de su fe y la práctica de su transformación, que estalla en un canto con el himno de alabanza tan conocido.

Las estrofas familiares 7-12 son un llamado universal a todos en todas partes para alabar a Dios. Dos estrofas que a menudo se omiten fusionan alabanza con misión y nos recuerdan el carácter inclusivo del evangelio:

> ¡Rameras, publicanos y ladrones,
> en santo triunfo se unen!
> El pecador que cree salvado es
> de crímenes tan grandes como el mío.

Asesinos y todo grupo infernal,
hijos de lujuria y orgullo,
creed que el Salvador por ustedes murió;
por mí el Salvador murió.

¿Cuántas iglesias buscan conscientemente prostitutas, ladrones, criminales de todo tipo, asesinos y pendencieros? Sin embargo, Jesús los buscó y los hermanos Wesley siguieron sus pasos.

¿Cuántas iglesias buscan hacer realidad la siguiente afirmación?

Escuchen, sordos, al Señor;
alabe el mudo a Dios;
los cojos salten, vean hoy
los ciegos al Señor.

¿Cuántas iglesias hacen que sus experiencias de adoración sean accesibles para sordos, ciegos y cojos? ¿Hay lenguaje de señas, audífonos, braille, rampas, elevadores, sillas de ruedas y vehículos con elevadores hidráulicos disponibles para quienes lo necesitan? ¿Hay clases para personas con discapacidades de aprendizaje? Si no, la iglesia les dice a las personas con estos y otros desafíos relacionados: "No son bienvenidos a participar en nuestro culto y programa de la iglesia". Las metáforas de discapacidad de Wesley enfatizan el ministerio inclusivo (aunque la palabra "mudo" ya no es apropiada para el discapacitado auditivo), pero apuntan a una realidad más profunda; cuando nuestras lenguas no se aflojan para alabar a

Dios y no reconocemos que el Salvador ha venido, somos discapacitados.

"Mil voces para celebrar" destaca no solo la necesidad de un clamor global de alabanza a Dios por la redención, sino que llama a la iglesia y a los cristianos a cumplir su misión: ¡alabar y alcanzar a todos!

NOTAS

[1] *Hymns and Sacred Poems* [Himnos y Poemas sagrados] (1740, 120-3. Trad. Federico J. Pagura

* NT: Traducción poética por F. Pagura de las estrofas 7-12, las más conocidas que aparecen usualmente en los himnarios contemporáneos en español. Las estrofas 1-6, 13-17 han sido traducidas literalmente por Oscar Aguilar M.

17. "Divino amor"[1]

¿Está Dios muerto?

1. ¡Divino amor, pasión sin par!
¡Dios encarnado muere allí!
En una cruz le vi cargar
mis culpas todas sobre sí:
¡Murió por mi, mi Salvador
crucificado, Dios de amor!

2. El por nosotros fue a la cruz,
para volvernos hoy a Dios;
su vida entera dio Jesús,
oigamos, pues, su santa voz;
Perdón ofrece el Salvador
crucificado, Dios de amor.

3. Miradle todos, meditad,
si hubo dolor más grande y cruel:
el santo Príncipe de Paz,
por ti y por mi bebió la hiel.
Ven, pues, recibe al Salvador
¡crucificado, Dios de amor!

Hace algunos años hubo mucho revuelo por la llamada "teología de la muerte de Dios", que proclamaba la realidad de la muerte de Dios y una cultura centrada en la iglesia. Aunque la popularidad de esta escuela de pensamiento disminuyó bastante rápidamente, hubo mucha discusión sobre el significado de un Dios moribundo y/o la muerte de la idea de Dios. Hizo que muchos cristianos se dieran cuenta de que hay una "teología de la muerte de Dios" inherente a las Sagradas Escrituras. Charles Wesley ha resumido elocuentemente esta teología en este himno. Desafortunadamente, algunos editores de himnos han cambiado la palabra "inmortal" por "encarnado", pero Wesley está expresando el misterio y la maravilla del Ser inmortal que ha creado la vida y cuyo Hijo coeterno muere en nombre de toda la humanidad. En la estrofa 3, lo expresa de otra manera: "Ven, pecador, ve morir a tu Hacedor". El Creador muere por lo creado. El cambio editorial de "Creador" a "Salvador" en algunos himnarios cambia radical e incorrectamente la intención de Wesley.

La muerte de Dios tiene implicaciones personales y universales, ya que el Hijo "en una cruz le vi cargar mis culpas todas sobre sí", pero "Él por nosotros fue a la cruz". Por más particular y personal que sea su muerte para mí, su efecto es universal. Es una muerte por amigos y enemigos, amantes de la paz y belicistas, los amados y odiados, los morales y los inmorales. La muerte de Dios no es por los santos sino por los pecadores. Por lo tanto, es para todos con el fin de "volvernos hoy a Dios".

Cuando vemos la muerte de Dios en el contexto de la creación, nuestra propia comprensión de la vida y sus complejidades se enfoca más claramente. Vemos el dolor de manera diferente. Todo nuestro dolor y agonía se ven en el contexto de la muerte insoportable en el Calvario y el gemido del Creador por toda la creación. La pregunta, "si hubo dolor más grande y cruel", pone nuestras quejas, sufrimientos y tristezas en una perspectiva adecuada. Por lo tanto, no nos descompensaremos ante tales situaciones, ya que son minúsculas cuando se ven a la luz del sufrimiento de nuestro Creador por nosotros. La muerte de Dios en el Calvario coloca toda nuestra pena en una perspectiva apropiada.

En una estrofa de este himno que a veces no se incluye en los himnarios, Wesley resume la perspectiva que obtenemos al pie de la cruz del Calvario.

> Entonces sentémonos bajo su cruz,
> y felizmente atrapemos la corriente sanadora,
> todas las cosas él las estimada como pérdida,
> y rindamos todos nuestros corazones a él;
> nada pensar o hablar que no sea que
> "Mi señor, mi Amor crucificado es".*

Bajo la cruz, "atrapamos la corriente de sanidad" y somos sanados. Nos curamos de las enfermedades de la codicia, la malicia y la lujuria cuando comprendemos que "todas las cosas él las estima como pérdida". Nuestros corazones ya no están enfermos con falsas lealtades. La corriente de sanidad del amor de

Dios que fluye de la cruz les devuelve la salud y la unidad de propósito para que podamos pensar y hablar solo de una cosa: "Mi Señor, mi Amor crucificado es". Una vida de amor abnegado, como el que experimentamos en la crucifixión de Jesús, se convierte en la meta, el propósito y el estilo de nuestras vidas.

La estrofa 3 es una convocatoria para todo ser humano que pasa por la vida para observar la escena del Calvario. Nadie puede pasar por alto el Calvario. El sufrimiento de Dios, de los demás y de la creación es una parte integral de la experiencia humana. ¿Quién está dispuesto a contemplar la escena, a mirar con profundidad e intensidad "el santo Príncipe de paz" que cuelga de un madero? Wesley llama: "Miradle todos, meditad". Esta es una invitación a ver la vida tal como es y a ver la profundidad de la agonía y el sufrimiento de Dios en lugar nuestro. Wesley no puede dejarnos, sin embargo, con el mero pensamiento de ser convocados para observar la escena del Calvario, es decir, contemplarla. Él suplica: "Ven, pues, recibe al Salvador". La experiencia humana debe integrar el amor desprendido de Dios en el propio sentimiento personal. Cuando uno personifica ese amor abnegado, se siente que su sangre es aplicada. Es, entonces, cuando uno exclama: "¡Divino amor, pasión sin par!"

¡Nótese, esto no es una pregunta, sino una afirmación!

NOTAS

[1] *Hymns and Sacred Poems* [Himnos y Poemas sagrados] (1742), 26-7. Trad. de Federico J. Pagura.

* NT: Traducción literal de Oscar Aguilar M.

18. "Alabemos al Señor"[1]

¿A quién alabaremos?

Salmo 150: ¡Aleluya!
Alabad a Dios en su santuario;
Alabadle en la magnificencia de su firmamento.
Alabadle por sus proezas;
Alabadle conforme con la muchedumbre de su grandeza.
Alabadle a son de bocina;
Alabadle con salterio y arpa.
Alabadle con pandero y danza;
Alabadle con cuerdas y flautas.
Alabadle con címbalos resonantes;
Alabadle con címbalos de júbilo.
Todo lo que respira alabe a Jehová.   Aleluya.

1. Alabemos al Señor
quien cuida con bondad;
alabadle en su grandeza,
santo Dios de amor;
por sus obras, alabad,
por su gran poder sin par;
bendiciones nos dará,
la Tierra da loor.

2. Con salterio celebrar
al gran eterno Dios,
y con címbalos cantad,
unidos a una voz;
con las cuerdas alabad,

Sinfonía celestial,
canto poderoso brota
en el corazón.

3. Dios, en quien vivimos hoy,
permítenos cantar
gloria a nuestro hacedor
y solo al rey loar.
Sea tu nombre santo aquí,
en el cielo bendecid
todo el que respira
Siempre alabe al Señor.

Carlos Wesley escribió numerosas paráfrasis de los salmos en versos rimados y métricos. Compuso tantos que Henry Fish publicó un libro titulado *Una versión poética de casi la totalidad de los Salmos de David,*[2] en el que recopiló la mayor parte de las representaciones poéticas de los salmos de Wesley. Wesley entendió los salmos como el depósito de expresión del espectro completo de las emociones humanas en oración y alabanza a Dios. Son arrebatos de alabanza, celebración, desesperación, ira, plenitud, vacío, lamento y amor. Vio en sí mismo el potencial de estas emociones y muchas más que surgen en los cánticos de los poetas hebreos y, por lo tanto, cantó esos cánticos como propias, como los cánticos del pueblo de Dios, como los himnos de la iglesia. Se convirtieron en sus propias palabras cuando sufrió graves enfermedades, mientras se regocijaba con su esposa Sara por el nacimiento de cada uno de sus ocho hijos, mientras soportaba la angustia que acompañó a la muerte de cinco de ellos durante su primer año de vida, al dolerse con su esposa Sara, quien fue atacada y severamente desfigurada por la viruela, mientras compartía la alegría con su hermano John por aquellos que fueron redimidos por Cristo. En su desesperación y alegría, Charles hizo suyas las palabras del salmista. A menudo anotaba en su diario: "Canté el salmo designado para este día y me iba a la cama".

Primero se debe leer este himno en paralelo con el Salmo 150 para sentir cómo Wesley captura su espíritu. Aquí se incluyen las estrofas originales 1, 3 y 4 del himno original de cuatro estrofas.

¿Alabar a quien? En la estrofa 1, Wesley nos exhorta a alabar al Dios de la creación, el que reina sobre toda la creación, la tierra y el cielo, el santuario y el firmamento, y quien ejerce un poder creativo continuo. Wesley nos dice más acerca de este Dios a la luz del desarrollo de la actividad divina a través de las edades como se afirma en el Antiguo y Nuevo Testamentos y en una religión del corazón, un sello del avivamiento evangélico wesleyano.

En la estrofa 1, declara lo que se afirma en I Juan 4:18, a saber, que el Dios a quien alabamos es el Dios de amor. Para Wesley, este entendimiento de Dios supera a todos los demás: Dios es amor santo. Es fundamental para el movimiento que él y su hermano dirigieron, ya que fue la personificación del amor en una sociedad que prosperó en la opresión de los pobres y desposeídos, lo que caracterizó el ministerio de los hermanos Wesley. Estaban dispuestos a amar a toda costa ante el grave peligro, la violencia de las masas e incluso la muerte. Por lo tanto, no es sorprendente que Charles comience este himno recordando a los que alaban a Dios, que levanten sus voces para alabar al Dios de amor. Esta es una apropiación de las palabras del salmista para abarcar el espíritu de toda la Biblia.

Alabanza a Dios es sinónimo del estilo de vida del siervo fiel, por lo tanto, Wesley escribe:

alabadle en su grandeza,
santo Dios de amor;

En la alabanza a Dios revelamos nuestro amor a Dios y a los demás. Cuando nuestras vidas son una demostración constante de la alabanza a Dios en nuestros pensamientos, palabras y acciones, proclamamos a todos a nuestro alrededor la grandeza de las obras poderosas y transformadoras de Dios de amor, misericordia, bondad, justicia, sustento y fortaleza.

Wesley no puede dejar de pensar en la alabanza de Dios sin agregar otra perspectiva interpretativa del Nuevo Testamento, cuando llama a la tierra y al cielo a adorar al Dios quien "bendiciones nos dará". Aquí recurre a Santiago 1:17, "Toda buena dádiva y todo don perfecto descienden de lo alto, del Padre de las luces, en quien no hay cambio, ni sombra de variación". El Dios a quien alabamos es Uno que es amor santo y de quien procede todo bien. Todas las personas de todos los tiempos y toda la creación, no solo los seres humanos, son convocadas a resonar en la celebración de Dios.

En la estrofa 2, Wesley combina elementos de los versículos 3–5 del Salmo 150. Es el punto culminante de su texto, especialmente para un movimiento evangélico del siglo XVIII que extrajo gran parte de su fortaleza del poder de la música y se centró en gran parte de su alcance y proclamación en el testimonio musical. Las sociedades metodistas eran una fuerza musical en la sociedad. De hecho, es cierto que Charles Wesley sabía cómo moverse en los mejores círculos musicales de Londres en Drury Lane y Covent Garden, pero también sabía cómo llevar los poderes de la música a las masas hambrientas, indigentes y pobres de su época. A través del canto congregacional, él y su hermano llevaron a los ricos y pobres la música del alma que no conoce fronteras económicas o sociales y que invita a todos a:

Con salterio celebrar
al gran eterno Dios,
y con címbalos cantad,
unidos a una voz;
con las cuerdas alabad,
Sinfonía celestial,
canto poderoso brota
en el corazón.

Son, por supuesto, las últimas cuatro líneas las que resumen elocuentemente el empuje del avivamiento evangélico wesleyano. Wesley conocía el sonido glorioso de los oratorios de Handel interpretados en la Casa de la Ópera de Covent Garden o en otras salas de conciertos de Londres, representaciones que empleaban los sonidos de trompetas, címbalos, arpas e instrumentos de cuerda. Conocía bien el sonido del órgano de la Abadía de Westminster, ya que había asistido a la Escuela Westminster cuando era niño y predicaba allí siendo adulto. A pesar de que escuchó los sonidos producidos por los instrumentos que menciona el salmista, supo que el empleo del alcance completo "de la sinfonía celestial" debe llegar al corazón humano. Uno debe emplear el "canto poderoso" para hacer brotar la música "en el corazón". Esta es la clave del avivamiento evangélico wesleyano. La música del movimiento wesleyano es música "en el corazón".

La música del corazón nos llama a convertirnos en lo que Dios quiere que seamos: personas que, en pensamiento, palabra y obra, cantan el canto del amor, el amor de Dios que busca a todos los seres humanos y la creación a toda costa, incluso la muerte, sí, incluso la muerte sobre una cruz.

La estrofa 3 es una apropiación e interpretación del verso 6 del Salmo 150:

> Todo lo que respira alabe a Jehová.
> Aleluya.

Como seguidor de Cristo, Carlos vio las palabras del salmista a través de las palabras del Nuevo Testamento. Así como comienza el himno afirmando quién es Dios, que es un Dios de amor, a la luz del evangelio, concluye recordando a los que alaban a Dios, que el que alaban es el Dios en quien vivimos hoy. Esto recuerda las palabras del sermón de Pablo en la Colina de Marte en Atenas: "porque en él vivimos, y nos movemos y somos" (Hechos 17:28).

La última estrofa de Wesley es una sinfonía de alabanza del Hacedor del Antiguo y Nuevo Testamento, que culmina en el versículo 6 del Salmo 150, que podría ser el prólogo y el epílogo de cada libro de la Biblia. Las líneas:

permítenos cantar
gloria a nuestro Hacedor
y solo al Rey loar,

resumen el espíritu de los numerosos salmos hebreos, como el Salmo 95.
Las cuatro líneas finales del himno de Wesley, sin embargo, son una combinación única de dos versículos del Padre Nuestro (Mateo 6: 9-10) y el verso final del Salmo 150.

Sea tu nombre santo aquí,
en el cielo bendecid
todo el que respira
Siempre alabe al Señor.

¿Dónde se encuentra una expresión más elocuente de la unidad de las Escrituras, de la integridad del mensaje del Antiguo y del Nuevo Testamento que en estas líneas? Los seguidores del Mesías se unen en concierto con los santos de antaño para entonar el canto, que es eterno y evangélico:

Todo lo que respira alabe a Jehová.
Aleluya.

NOTAS

1 *A Collection of Hymns and Psalms* [Una colección de himnos y salmos] (1743, segunda edición de 1741 [primera edi-

ción]). Originalmente apareció en cuatro estrofas de ocho líneas. Trad. de Oscar Aguilar M.

[2] (Londres: Nichols for Mason, 1854). Fue publicado en Nashville al siguiente año, 1855, con el título *El Salterio Wesleyano*, etc. como se indica arriba.

19. "Jesús es Cristo Rey"[1]

I Corintios 15:51-52: Presten atención, que les voy a contar un misterio: no todos moriremos, pero todos seremos transformados en un instante, en un abrir y cerrar de ojos, cuando suene la trompeta final. Pues la trompeta sonará, y los muertos serán resucitados incorruptibles, y nosotros seremos transformados.

¿Cuál es nuestra visión de la vida?

1. Jesús es Cristo y Rey:
gozaos y adorad;
con gratitud hoy
su victoria proclamad:
el alma alzad, alzad la voz,
con gozo, gracias dad a Dios.

2. Jesús el Salvador,
hoy reina, Dios de amor;
nos redimió y en las alturas se sentó:
el alma alzad, alzad la voz,
con gozo, gracias dad a Dios.

3. Su reino no caerá
en toda la creación;
las llaves tiene del poder que Dios le dio:
el alma alzad, alzad la voz,
con gozo, gracias dad a Dios.

4. Sentado a diestra está
del Padre, hasta que al fin,
las fuerzas pueda someter del mal hostil:
el alma alzad, alzad la voz,
con gozo, gracias dad a Dios.

5. Nuestros pecados él
potente ha de quebrar,
los corazones ha da henchir de gozo y paz:
el alma alzad, alzad la voz,
con gozo, gracias dad a Dios.

6. Gozaos que Jesús el juez,
ha de llegar,
y así a sus fieles llevará a eterno hogar:
oíd la voz, la voz del ángel
que feliz lo anunciará.

Al responder a los versículos 51 y 52 del poderoso capítulo quince de Pablo de 1 Corintios, que se centra en el tema de la resurrección de los muertos, Charles Wesley compuso un himno que declara que el sello distintivo de la conducta cristiana es el gozo. ¡La vida cristiana es la exclamación del gozo! "Con gozo, gracias dad a Dios". Las primeras tres estrofas del himno de Wesley resuenan con el estribillo:

El alma alzad, alzad la voz,
Con gozo, gracias dad a Dios.

Wesley, quien no suele ser un autor frecuente de refranes, no puede resistir la repetición, que en sí misma enfatiza la repetición de estallidos de gozo a lo largo de cada día de la vida. De hecho, la primera y última estrofa del himno contienen la palabra "Gozaos". ¡No se desanimen, ni estén abatidos, ni oprimidos, ni se pasen quejando toda la vida! ¡Gozaos! ¡El gozo engendra gozo!

Es fascinante que George Friedrich Handel, el distinguido compositor y contemporáneo del siglo XVIII de Wesley y a quien Carlos probablemente conoció en Londres, y que compuso el memorable escenario de I Corintios 15: 51–52 en la maravillosa aria "Sonará la trompeta", para el oratorio El Mesías, también compuso la melodía GOPSAL para el himno de Wesley "Jesús es Cristo Rey". Sigue siendo la melodía de hoy en muchos himnarios para este texto.

Wesley interpreta el júbilo que marcará la resurrección de los muertos al sonar la trompeta como la vocación de un seguidor de Jesús: "con gratitud hoy / su victoria proclamad". Gratitud y proclamación de victoria: estas son las marcas de la vida diaria de aquellos que viven el amor sacrificial de Cristo por los demás y por toda la creación. ¿Qué mayor definición de vocación de doxología puede haber que este himno de Wesley?

Carlos resume las razones por las cuales los cristianos deberían regocijarse. "Jesús es Cristo y Rey" La Biblia a menudo habla de Dios como el Gobernante de todos los gobernantes, el que reina sobre la creación. El Salmo 24:8 resuena:

> ¿Y quién es este Rey de la gloria?
> ¡Es el Señor, el fuerte y valiente!
> ¡Es el Señor, el poderoso en batalla!

En el Apocalipsis de Juan (11:15), las voces celestiales declaran: "Los reinos del mundo han llegado a ser de nuestro Señor y de su Cristo, y él reinará por los siglos de los siglos". El cristiano entiende que Dios, no los gobernantes terrenales, está al mando de la existencia.

Además, "Jesús el Salvador / hoy reina". Su gobierno no es el del engaño y el odio, sino el de la verdad y el amor. Ojalá el mundo viviera por el ejemplo del reinado de Jesús. Al observar el mundo de la diplomacia y las agencias de inteligencia secretas de las naciones de todo el mundo, se ve claramente que los gobiernos y sus líderes aún no han comprendido completamente el reinado de Aquel que pone todas las relaciones sobre la base de la verdad y el amor. Esa es la esperanza del mundo.

Su reino caerá. La historia a menudo se escribe revisando el auge y la caída de grandes imperios como los de Egipto, Grecia y Roma. Mientras los reinos terrenales ascienden y caen, el reino de la tierra y el cielo de Dios perdura, porque está construido sobre la verdad y el amor. Jesús nos ha mostrado en su muerte y resurrección que incluso la muerte se convierte en triunfo y victoria en el reino de Dios.

Gozaos que Jesús el juez, / ha de llegar. Hay vida y esperanza que son más grandes que la existencia terrenal. El proceso creativo de Dios no termina con la muerte física, sino que cumple su propósito en la tierra y el cielo; los que sirven a Dios no habrán servido en vano. Su destino será juzgado por la verdad y el amor de Jesús que permanecen para siempre. Por lo tanto, el estribillo de la cuarta estrofa se transforma en estas palabras:

> Oíd la voz, la voz del ángel
> que feliz lo anunciará.

¡Los cristianos tienen motivos para regocijarse! En el desaliento y la desesperación: ¡Regocijaos! Cuando otros sean antipáticos y estén abatidos: ¡Regocijaos! ¡El regocijo engendra regocijo! Dale hoy al corazón de alguien un cambio de ánimo. ¡Regocijaos!

NOTA

[1] *Hymns for our Lord's Resurrection* [Himnos para la resurrección de nuestro Señor] (1746), No. 8, 14-15. Trad. Federico J. Pagura (1997).

20. "Espíritu de fe"[1]

¿Puede haber un fin al derramamiento de sangre?

1. Espíritu de fe
revélanos al Señor,
Ayúdanos del Trino Dios
su gloria comprender;
De su sangre somos hoy
testigos por doquier;
Dio su vida por la humanidad,
también por mí murió.

2. Sólo a Jesús podrá
llamarse el Señor.
Si su Palabra hace
la oscuridad huir;
Entonces confiad,
a Él todos acudid,
Clamemos juntos a una voz:
Tú eres Dios y Señor.

3. Es el Cordero que
el mundo ha de conocer;
Espíritu desciende hoy
y muéstranos tu poder.
Tu gracia impartida,
también Tu salvación;
A todo pueblo y nación,
a todo corazón.

4. Inspíranos la fe que
puede hacernos creer;
El testimonio danos hoy,
que vibre en nuestro ser;
La fe que triunfará,
cantamos con fervor,
Al que acude salvas
y darás la perfección en amor.

En este himno, Wesley establece cuatro necesidades distintas de los seres humanos en relación con el don del Espíritu Santo: revelación, reconocimiento, recuperación y regeneración.

La estrofa 1 es una oración de revelación, una oración para que nuestros ojos interiores se abran y vean "al Señor" con mayor claridad; a saber, conocer la Divinidad (quién es Dios) y la actividad de Dios (lo que Dios hace). Puede parecer bastante extraño que Wesley ore para que el Espíritu "testifique con la sangre", como dice originalmente la letra del himno. Sin embargo, la historia nos dice que esta es una preocupación humana. Personas de todas las edades han tratado de dar testimonio de algún punto, causa o forma de vida derramando la sangre de otros. La vida de hoy está obsesionada por terroristas que representan intereses políticos, nacionales y religiosos. A menudo buscan promover sus intereses "aplicando sangre", es decir, quitando la vida a los demás, incluso a los niños y bebés. Estas muertes son consideradas por sus perpetradores como efectivas y purificadoras para sus causas. El Espíritu de Dios revela el significado de la muerte de Cristo a quienes escuchen, cómo el testimonio de su sangre fue para todas las personas de manera que puedan comprender cuánto los ama Dios y busquen vivir juntos en el espíritu de ese amor.

La estrofa 2 es una oración de reconocimiento personal: "Tú eres Dios y Señor". El reconocimiento corporativo y comunitario del reino de Cristo comienza con el individuo. Esto sucede cuando se quita el velo entre lo humano y lo divino y se respira la Palabra viva. Eso recuerda la oración de Wesley en el himno: "Oh amor que excede a todos":

Ven, amor, a cada vida,
mueve toda inclinación.

Es el Espíritu amoroso, la Palabra viva, que evoca un interés en la sangre de Cristo. Uno está lleno del Espíritu de amor y ve la futilidad de todo derramamiento de sangre humano. ¡Eso sí es digno de interés humano! El sacrificio de Cristo trae el reino del amor en la tierra "porque el amor de Dios se ha derramado en nuestros corazones por el Espíritu Santo que nos fue dado" (Romanos 5: 5).

La estrofa 3 es una oración por la recuperación universal de la humanidad. Tan firme como está Wesley en la estrofa 2 sobre el reconocimiento personal de Cristo como gobernante de la vida de una persona, esta estrofa es totalmente inclusiva en su lenguaje, al suplicar por el descenso del Espíritu sobre toda la humanidad.

Es el Cordero que
El mundo ha de conocer.
Espíritu desciende hoy
y muéstranos tu poder.
...
A todo pueblo y nación,
a todo corazón.

La Inglaterra del siglo XVIII estaba plagada de desunión religiosa. Hubo divisiones tales como los papistas, disidentes, calvinistas y muchos más. Además, Wesley previó un cisma en desarrollo entre las Sociedades Metodistas y la Iglesia de Inglaterra. También había divisiones políticas: aquellos que eran leales a la corona y otros que favorecían a un pretendiente al trono. Las lealtades humanas están dispuestas a sacrificar a otros por sus causas y generar enemistad. Wesley clamó que el curso de la historia humana solo puede cambiarse recuperando la humanidad quebrantada a través del descenso del Espíritu de amor en cada corazón, a través de la conciencia universal de que ya no es necesario vivir por la falsa noción de que otros deben ser sacrificados por una causa humana. El sacrificio del Hijo de Dios, Jesús, nos ha mostrado la virtud de su nombre que es "Salvación" y nos ha dado un patrón para vivir en armonía: darnos en amor a los demás y a Dios.

La estrofa 4 es una oración por regeneración. La fe que mueve montañas y da un nuevo comienzo a la vida es una que se perfecciona en el amor por aquellos que invocan el nombre de Jesús. El verbo perfeccionar está en el corazón de la redención y la armonía social, ya que refleja el proceso de maduración en el amor como seguidores de Jesús. Oh "que el mundo ha de conocer" que puede crecer en amor y paz en lugar de odio y guerra. Tal regeneración mundial, nuevo nacimiento o nuevo comienzo es la esperanza del descenso del Espíritu de amor que Dios vierte en nuestros corazones. El derramamiento de la sangre de

Cristo es la señal y el sello de este Espíritu que puede llenar tanto a los corazones humanos de amor que no habrá más derramamiento de sangre en la tierra.

NOTA

[1] *Hymns of Petition and Thanksgiving for the Promise of the Father* [Himnos de petición y acción de gracias por la promesa del Padre] (1746), No. 27, 30–1. Trad. de Oscar Aguilar M.

21. "Oh siervos de Dios"[1]

¿Cómo superamos las pruebas y la persecución?

1. Oh siervos de Dios, cantad a Jesús.
Y al mundo llevad su nombre de paz.
El nombre grandioso de Cristo exaltad.
Su reino glorioso al mundo anunciad.

2. En trono de luz se sienta el Señor
Empero ya aquí conmigo él está.
Por siempre su iglesia anuncia su amor
Y en himnos celebra su amor y bondad.

3. Al dulce Jesús con gozo alabad.
Con himnos de gloria al Hijo cantad.
Los coros del cielo su triunfo ven ya
Y cantan felices su gloria y verdad.

4. Por tanto entregad al solo Señor
En dulce canción la gloria y honor.
Con gozo cantemos su gran salvación.
Y allí le veremos, bañados de amor.

Ya que las estrofas originales 2 y 3 de este himno se omiten en la mayoría de los himnarios, la situación de vida de la cual nació el himno, es fácilmente pasada por alto. Son las siguientes:

Las olas del mar han alzado su voz,
Muy turbados nosotros en Jesús nos regocijamos;
La inundación ruge, pero Jesús está aquí.
Mientras estamos adorando, él cerca siempre está.

Hombres, demonios enfrentad, las olas se levantan,
y horriblemente enfurecen y amenazan los cielos:
Su furia nunca estremecerá nuestra firmeza,
el creyente más débil está edificado sobre una roca.*

Carlos Wesley conocía la agonía de la persecución severa reflejada en estas líneas y la necesidad de mantenerse firme en la fe contra toda oposición. No es sorprendente encontrar este himno en los Himnos para Tiempos de Dificultad y Persecución de Carlos, publicado en 1744. Los años 1740 fueron tiempos extremadamente problemáticos, llenos de sospechas de quienes se consideraban desleales a la Corona y favorecían a los Pretendientes al trono de Inglaterra. Muchos aprovecharon la oportunidad para oponerse a los seguidores de los Wesley, quienes fueron calumniados y atacados violentamente por turbas ingobernables en numerosas ocasiones. El propio Carlos fue catalogado como pícaro, canalla, villano, carterista e incluso como representante de un Pretendiente al trono, a quien algunos pensaban que era su hermano John disfrazado de sacerdote. Aunque los Wesley mantuvieron persistentemente su lealtad a la Corona, la oposición aumentó. Es milagroso que no fueran asesinados por las turbas furiosas. En Walsal, John fue arrastrado por el cabello desde los escalones de la cruz por la calle principal, y Carlos fue atacado mientras predicaba desde los escalones del mercado.

Inspirado por la multitud de todas las naciones que alaban a Dios en el capítulo siete del Apocalipsis de Juan, Carlos Wesley convoca a los "siervos de Dios" para hacer resonar una promesa cristiana de lealtad a Dios. Como aquellos que se reúnen en torno al trono para cantar la alabanza de Dios, este es un himno para los fieles que sirven a Aquel que es más grande que todos los gobernantes. Dios gobierna sobre todo y no hay pretendientes con reclamo alguno sobre el trono sobre el cual se sienta el Autor de la salvación. En tiempos de perturbación en los que tantas fuerzas reclamaron lealtad personal y corporativa, Wesley sostuvo que solo hay Uno en quien uno puede confiar plenamente: ¡solo Dios!

Cualquier lucha por una corona terrenal implica conflictos sobre quién tendrá el derecho, la gloria, el poder, la sabiduría, el dominio y la bendición que se le atribuyen también al trono de un monarca. Wesley le atribuyó todo esto a Dios y su himno no deja duda de que, aunque pudo haber sido leal a la Corona de Inglaterra, su lealtad fundamental era a Dios. El siguiente relato de un evento en Sheffield el 25 de mayo de 1743 de su Diario revela esta lealtad y el tipo de oposición que los metodistas a menudo enfrentaban en la década de 1740.

A las seis fui a la casa de la Sociedad, al lado de la casa
de nuestro hermano Bennet. El infierno de abajo se es-
tremeció para oponérsenos. Tan pronto como estuve
en el escritorio con David Taylor, los ríos de gente comenzaron a elevar su voz. Un oficial (Alférez Garden)
discutió y blasfemó. No me fijé en él y seguí cantando.
Piedras gruesas volaron, golpeando el escritorio y la
gente. Para salvarlos a ellos y a la casa, notifiqué que
debía predicar afuera y mirar al enemigo a la cara.
Todo el ejército de extraños me siguió. El Capitán me
detuvo y comenzó a criticar. Le di como respuesta:
"Una palabra oportuna; o, Consejo a un soldado", luego oré, particularmente por Su Majestad el Rey Jorge, y
prediqué el evangelio con mucha discusión. Las piedras
a menudo me golpeaban en la cara. Después del sermón oré por los pecadores, como siervos de su maestro, el diablo; ante lo cual el Capitán corrió hacia mí
con gran furia, amenazando con vengarse por mi abu-
so, como lo llamó, "al Rey, su maestro". Se abrió camino entre los hermanos, sacó su espada y la puso sobre mi pecho. Mi pecho se armó de valor inmediata-
mente. Lo abrí y, fijando mi ojo en el suyo, le sonreí en
la cara y le dije con calma: "Temo a Dios y honro al
Rey". Su semblante decayó en un momento, suspiró
profundamente, enfundó la espada y tranquilamente
abandonó el lugar.[2]

Vivimos en una época llena de turbas y disturbios,
y Wesley llamó a los seguidores de Jesús para que se
mantuvieran firmes en su fe como campeones del
"amor infinito". En medio de las injusticias políticas,

económicas y sociales, los cristianos de todo el mundo son llamados a convertir los clamores de agonía y odio, en resonantes alabanzas a Dios. El amor de Dios en Jesús es tan transformador que puede cambiar las leyes discriminatorias, rectificar la explotación de los pobres por parte de los ricos, proporcionar refugio a los indigentes y alimentos para los hambrientos, y así por el estilo. ¡Las injusticias caen ante el amor de Dios!

Vosotros, "siervos de Dios" es un clamor del alma en el siglo dieciocho contra la opresión y la persecución, no muy diferente de la protesta del siglo veinte contra la injusticia, como se presenta en el canto de libertad afroamericano: "Hemos de triunfar". Es un llamado al valor, a resistir y ser tomados en cuenta, en un momento de adversidad. Pero claramente, es a través de la fe en Cristo que tenemos el poder de vencer. Carlos Wesley ilustró esto no solo con su pluma, sino con su vida. Dios nos llama a hacer lo mismo.

NOTAS

[1] *Hymns for Times of Trouble and Persecution* [Himnos para tiempos de dificultad y persecución] (1744), No. 1, 43; section: "Hymns to be sung in Tumult." [Himnos para cantarse en situación de tumulto]. Trad. de Justo González. * NT: Traducción literal de Oscar Aguilar M.
[2] *Diary*, I:309.